中国金融四十人·青年论坛

CHINA FINANCE 40 FORUM - YOUTH ECONOMIST

致力于为优秀青年经济学者提供学术与政策研究平台 为学术研究提供理论基础，为政策部门提供决策参考

中国金融四十人·青年书系
CHINA FINANCE 40 FORUM - YOUTH ECONOMIST BOOKS

银行宏观审慎监管 的基础理论研究

A Study on the Fundamental Theory of Macroprudential
Banking Regulation

谢 平 邹传伟◎著

中国金融出版社

责任编辑：丁　芊
责任校对：张志文
责任印制：陈晓川

图书在版编目（CIP）数据

银行宏观审慎监管的基础理论研究（Yinhang Hongguan Shenshen Jian-
guan de Jichu Lilun Yanjiu）/邹传伟著．—北京：中国金融出版社，
2013.5

（中国金融四十人·青年书系）
ISBN 978 - 7 - 5049 - 6857 - 9

Ⅰ．①银…　Ⅱ．①邹…　Ⅲ．①银行监管—研究—中国　Ⅳ．①F832.1

中国版本图书馆 CIP 数据核字（2013）第 050146 号

出版
发行　中国金融出版社

社址　北京市丰台区益泽路 2 号
市场开发部　（010）63266347，63805472，63439533（传真）
网 上 书 店　http://www.chinafph.com
　　　　　　（010）63286832，63365686（传真）
读者服务部　（010）66070833，62568380
邮编　100071
经销　新华书店
印刷　保利达印务有限公司
尺寸　180 毫米 × 250 毫米
印张　16.5
字数　199 千
版次　2013 年 5 月第 1 版
印次　2013 年 5 月第 1 次印刷
定价　40.00 元
ISBN 978 - 7 - 5049 - 6857 - 9/F. 6417
如出现印装错误本社负责调换　联系电话（010）63263947

中国金融四十人·青年书系编委会

内容提要

在金融危机后的金融监管改革中，宏观审慎监管是最核心的内容之一。与微观审慎监管针对金融机构个体风险不同，宏观审慎监管针对系统性风险。但目前对系统性风险的内涵、起源、表现形式和计量方法等的理论和实证研究还处于非常初步的阶段。在这种情况下，"宏观审慎监管针对金融系统的风险"的含义就不清楚，一定意义上甚至是同义反复。随着宏观审慎监管实践的丰富，相关基础理论和实证研究急需加强。本书将致力于这一目标。

目前对宏观审慎监管的理解主要从与微观审慎监管的差异进行，但这个角度容易割裂宏观审慎监管与微观审慎监管的联系。突出例子是，目前宏观审慎监管工具主要包括针对顺周期性的逆周期资本缓冲和针对系统重要性金融机构的附加资本要求（Basel Ⅲ），都属于资本充足率监管，而资本充足率监管自 Basel Ⅰ 起就是微观审慎监管的核心工具。

改进方法有两种。第一种是从上向下的方法（A Top Down Approach），先定义什么是系统性风险，再定义什么是宏观审慎监管。这种方法的出发点是宏观审慎监管的基础概念——系统性风险，但如果系统性风险不能被准确计量，则宏观审慎监管的定义可能失之宽泛。第二种是从下向上的方法（A Bottom Up Approach），是从微观审慎监管和宏观审慎监管的联系出发，研究如何改进微观审慎监管工具及使用方法，以达到促进金融系统稳定的目的。这种方法建立在微观审慎监管方面坚实的基础研究上，有很好的拓展性。在系统性风险计量发展完善前，这种方法很可能是宏观审慎监管的主流。

本书采取第二种研究方法，综合使用理论建模、计量经济学分析和案例实证等方法对银行宏观审慎监管基础理论中的重点问题进行专门研究，以深化对相关基础理论的认识。本书由九章组成。

第一章是导言，目的是说明本书研究出发点、与现有文献的关系、计划研究的问题、使用的研究方法、逻辑结构以及主要创新等。

第二章综述金融危机后微观审慎监管和宏观审慎监管方面的主要改革措施，目的是为后续分析做好铺垫，也划定本书的讨论范围（Scoping the Issues）。

第三章是金融监管的一般理论与宏观审慎监管之间的缺口分析（Gap Analysis），是全书枢纽。"缺口分析"在本书中的含义是：在研究宏观审慎监管的基础理论时，金融监管的一般理论中哪些思想可以采用，除此外还需要进行什么研究工作？我们提出按以下路线图（Roadmap）研究银行宏观审慎监管的基础理论。首先，选择金融外部性的分析框架，关注银行的三种主要外部性——信用风险的外部性、流动性风险的外部性以及信贷供给（主要对货币、物价和经济增长）的外部性，并严格界定外部性的两个属性——内在规模（Intrinsic Magnitude）和外在影响（External Impact）。其次，在外部性存在的情况下研究中央计划者的效用最大化问题，证明对银行施加关于外部性内在规模的限额约束（Quota），能使银行行为满足中央计划者效用最大化要求，指出主要微观审慎监管措施均与某种限额约束等价。最后，研究外在影响参数在不同机构以及不同时点上存在的差异以及对监管限额的影响，由此给出宏观审慎监管的数学表述，证明宏观审慎监管相对微观审慎监管的福利改进。这一章提出了五个需要进一步研究的问题，对这五个问题的研究依次构成第四章到第八章的内容。

第四章从宏观审慎监管视角分析银行的三种主要外部性：信用风险的外部性、流动性风险的外部性以及信贷供给量的外部性，讨论了三种外部性的作用机制以及内在规模和外在影响的度量方法，特别指出了不同机构以及不同时点上外在影响存在的差异。

第五章研究针对银行信用风险的宏观审慎监管，证明了中央计划者可以通过对银行破产概率施加限额约束来管理银行信用风险的外部性，而该限额约束等价于资本充足率监管。考虑到不同银行以及不同时点上信用风险的外在影响有差异，应对不同银行以及在不同时点上采取不一样的资本充足率监管标准。这就支持了 Basel Ⅲ 针对系统重要性金融机构的附加资本要求以及逆周期资本缓冲的经济学合理性。进一步分析表明，Basel Ⅲ 逆周期资本缓冲有两个效果：一是在降低银行破产概率方面，相当于把资本充足率提高 1%；二是降低 Basel Ⅱ 对信贷供给约 50% 的顺周期影响。但 Basel Ⅲ 逆周期资本缓冲主要应对企业信用状况引发的信贷顺周期性，应对资产价格引发的信贷扩张的效果可能有限，应发挥货币政策的逆周期调控功能并与逆周期资本监管相协调。

第六章研究针对银行流动性风险的宏观审慎监管，证明了中央计划者可以通过线性的流动性约束来管理银行流动性风险的外部性，并且在 Basel Ⅲ 流动性风险监管工具（包括流动性覆盖比率 LCR 和净稳定融资比率 NSFR）中，如果各监管参数均等于相应资产负债表项目对流动性危机概率的边际贡献，那么就与线性的流动性约束等价。因此，Basel Ⅲ 流动性风险监管工具在经济学上有合理性，但监管参数设置应满足一定条件。我们认为，针对流动性风险的宏观审慎监管是可行性的，应该在 LCR 和 NSFR 中引入宏观审慎监管因素：在跨机构维度上，对系统重要性银行，应根据其对系统性流动性风险的贡献，相应提高 LCR 和 NSFR 的最低要求；在时间维度上应引入逆周期的流动性风险监管，LCR 和 NSFR 的最低要求应在经济上行期提高，在经济下行期降低。

第七章研究针对银行信贷供给量的宏观审慎监管，证明了中央计划者可以通过存款准备金约束来管理银行信贷供给量对货币、物价和经济增长的外部性，并从理论上支持了差别准备金率动态调整的经济学合理性。但对 1995 年至 2010 年我国银行业的实证分析表明，存款准备金约束对信贷增速没有显著影响。如果这一情况在未来也成立，那么差别准备金动态调整对信贷的调控作用将是有限的。

第八章研究金融安全网和资本质量的宏观审慎监管功能。我们提出，金融安全网措施可以分成两类：政府对金融机构的流动性支持措施（Liquidity Support Schemes），主要由中央银行的最后贷款人职能衍生而来；政府与金融机构的损失分担计划（Loss Sharing Schemes），能提高金融机构的清偿能力。对政府与金融机构的损失分担计划，发现有的措施主要是在持续经营条件下（Going Concern）降低违约概率，有的主要是在非持续经营条件下（Gone Concern）降低违约后损失，但总的来说，相关救助成本与金融机构清偿能力的改善程度之间存在正向关系。对资本质量的分析表明，资本在持续经营条件下吸收损失，指降低金融机构违约概率；在非持续经营条件下吸收损失，指降低违约后损失。因此，金融安全网与资本质量在宏观审慎监管功能上有等价关系，资本质量相当于用私人部门资源起到金融安全网对银行的稳定作用。鉴于金融安全网不是"免费午餐"，不能无限制使用，要通过合理设计资本吸收损失的机制，让金融机构将私人部门作为外部股权融资的首要来源，先让或多让私人部门股东和除一般存款人外的债权人承担损失，降低对公共部门救助的依赖。

第九章总结全书，并提出有待进一步研究的问题。

　　总的来说，本书的主要工作是建立一个研究银行宏观审慎监管基础理论的新范式，说明宏观审慎监管和微观审慎监管的区别不在于监管工具，而在对监管标准的把握上；宏观审慎监管与微观审慎监管既有对立，更有统一。这个新范式不仅能解释目前已提出的主要的银行宏观审慎监管措施，也能用来开发新的宏观审慎监管工具。

　　关键词：银行　宏观审慎监管　基础理论

Abstract

Macroprudential banking regulation is the most important topic in post – crisis financial regulation reform. Its goal is to manage systemic risk arising from the banking sector and enhance the stability of financial system. Yet systemic risk lacks a clear and operational definition and its measurement still at a primitive stage. Under this circumstance, it amounts to tautology to say that macroprudential regulation aims at systemic risk management. While practices in macroprudential banking regulation keep developing after financial crisis, there hasn't been any big breakthrough in relevant fundamental theory studies. This situation must be improved, which is the goal of this book.

In most cases, our understanding of macroprudential regulation is based on its difference with microprudential regulation. But this approach risks under – appreciating their intrinsic links. For example, the most important macroprudential measures to date, namely Basel Ⅲ countercyclical capital buffer and capital surcharge for systemically important financial institutions, both belong to capital regulation, which has been the key microprudential tool ever since Basel Ⅰ.

There are two alternative approaches to deal with the aforementioned problem. The first is a top down approach. Under this approach, the definition of macroprudential regulation is based on a definition of systemic risk, much the same way as microprudential regulation on market risk, credit risk, liquidity risk, operational risk, etc. But unless systemic risk can be accurately measured, there will be substantial ambiguity in defining macroprudential regulation. The second approach is a bottom up one. This approach starts with the links between microprudential and macroprudential regulation and studies how to modify microprudential measures on both cross – sectional and time dimensions to serve the purpose of systemic risk management. It builds on solid research on the microprudential side and has the benefit of flexibility and extensibility. Before systemic risk measurement is well developed, this approach has the potential to be the dominate approach in macroprudential regulation research.

This book follows the second approach and carries out a study on the fundamental theory of macroprudential banking regulation. It aims to facilitate our understanding of macroprudential banking regulation and come up with policy suggestions. It consists of nine chapters.

Chapter Ⅰ is introduction. This chapter discusses the background and motivation of this book, its relationship with existing literature, key issues to deal with, its logic structure and major research methods employed.

Chapter Ⅱ presents a comprehensive review of post – crisis microprudential and macroprudential regulatory reforms. It serves as background materials and also scopes the issues we intend to analyze in great details.

Chapter Ⅲ is the nexus of this book and does a gap analysis between the general theories of financial regulation and macroprudential regulation. By gap analysis, we mean the following questions: to study the fundamental theory of macroprudential banking regulation, what ideas can we learn from the general theories of financial regulation, and what extra research work is needed? We adopt the analysis framework of financial externalities and devise a general roadmap for studying macroprudential banking regulation. It goes as follows. First, we focus on three major externalities generated by banks, namely credit risk, liquidity risk and loan supply quantity (through its impact on money, inflation and economic growth). For each externality, we define its intrinsic magnitude and external impact. Then we show that from the central planner's perspective, each externality can be internalized through a quota of its intrinsic magnitude and each quota is equivalent to some microprudential regulatory tool. We also find a positive relationship between the external impact parameters and the optimal regulatory standards. Thus if the external impact parameters vary across different banks and at different stages of economic cycle, regulatory standards should be adjusted accordingly, which leads to macroprudential regulation. So our key point is: microprudential regulatory measures can be modified on cross − sectional and time dimensions to serve macroprudential purpose. This chapter also identifies five questions for further research, which become the subjects of Chapter IV − VIII, respectively.

Chapter IV analyzes the three major externalities from a macroprudential perspective, including relevant transmission channels and the measurement of their intrinsic magnitudes and external impacts. We show that the external impact parameters, which can also be termed banks' contribution to systemic risk, can vary across different banks and at different stages of economic cycle.

Chapter V studies macroprudential regulation on banks' credit risk.

We prove the economic rationale of Basel Ⅲ countercyclical capital buffer and captial surcharge for systemically important financial institutions. This chapter also carries out an empirical ananysis of the effects of Basel Ⅲ countercyclical capital buffer. We find that Basel Ⅱ has a procyclical impact on loan supply. Basel Ⅲ countercyclical capital buffer has two major effects. One is to increase capital requirement by about 1% and the other to reduce Basel Ⅱ's procyclicality by about 50%. But Basel Ⅲ countercyclical capital buffer probably has limited power in curbing credit expansion caused by asset price. In such circumstances, it is more appropriate to use monetary policy and the coordination between monetary policy and countercyclical financial regulation should be improved.

Chapter Ⅵ studies macroprudential regulation on banks' liquidity risk. We explore the fundamental theory of liquidity risk regulation. We prove the economic rationale of Basel Ⅲ liquidity risk regulatory tools (LCR and NSFR) and put forward rules that should be obeyed when setting parameters in LCR and NSFR. We also suggest introducing macroprudential factors into LCR and NSFR.

Chapter Ⅶ studies macroprudential regulation on banks' loan supply quantity. We prove the economic rationale of PBoC's dynamic adjustment mechanism for differentiated deposit reserve requirement. But based on empirical, we think this mechanism will only have limited power.

Chapter Ⅷ studies the macroprudential regulation functions of financial safety net measures and capital quality. We classify safety net measures into two types. The first type is liquidity supporting measures. The second type is loss sharing schemes between government and financial institutions. We study the type two measures' cost to government and impact on financial institutions' solvency. We find a positive relationship between them. For capital quality, we find capital instruments' ability to absorb loss on a going concern is determined by its ability to lower financial institutions' probability of default, and the ability to absorb loss on a gone concern by their ability to lower loss given default. Thus raising capital quality amounts to utilizing private sector resources to achieve the goal of financial safety net measures.

Chapter IX summarizes and discusses topics for future research.

Key Words: Banking, Macroprudential Regulation, Fundamental Theory

目　录

第一章

导言

第一节　选题背景和意义

2007 年以来，发端于美国次级住房按揭贷款市场的金融危机不断扩散，席卷全球。到 2012 年底，欧元区的主权债务危机和银行业危机仍未解决，金融危机还在继续，并被普遍认为是 20 世纪 30 年代大萧条后最严重的一次。而金融危机前，发达国家金融业经历了一个较长的放松管制时期，突出表现是混业经营、金融系统杠杆率不断升高、证券化和场外衍生品高速发展等。所以，金融危机后金融监管改革的深度和广度非常大。根据汤姆逊路透公司统计（Thomson Reuters，2011），2008 年以来全球金融监管当局新引入和更改的监管事项按年均 16% ~20% 的速度增加，2011 年达到 1.4 万项，估计此趋势至少会持续到 2013 年。

在金融监管改革中，宏观审慎监管是最核心的内容之一。从 2009 年 4 月 G20① 伦敦峰会以来，历次 G20 峰会都把宏观审慎监管写入公报；中国共产党的十七届五中全会也提出要"构建逆周期的金融宏观审慎管理制度框架"（周小川，2011）。宏观审慎监管的标准定义是：与微观审慎监管针对金融机构个体风险不同，宏观审慎监管针对金融系统的风险（G20，2009；IMF②，2009；US Treasury③，2009a；UK FSA④，2009a；De Larosiere 等，2009；Brunnermeier 等，2009）。在金融机构个体风险方面，市场风险、信用风险、流

---

① 20 国集团。
② 国际货币基金组织。
③ 美国财政部。
④ 英国金管局（Financial Services Authority）。

动性风险、操作风险等的理论研究、实证分析和实践经验都非常成熟。相比之下，对系统性风险的内涵、起源、表现形式和计量方法等的理论和实证研究还处于非常初步的阶段。在这种情况下，"宏观审慎监管针对金融系统的风险"的含义就不清楚，一定意义上甚至是同义反复。随着宏观审慎监管实践的丰富，相关基础理论和实证研究急需加强。

在我国金融监管中，金融危机前，银监会对国有控股大型银行就采取了比中小银行更高的资本充足率要求，本质与 Basel Ⅲ 对系统重要性银行的附加资本要求相同，对住房按揭贷款实施差别首付款比例也属于宏观审慎监管措施。中国人民银行 2004 年引入差别准备金制度，对资本充足率、资产质量不一样的银行使用不同存款准备金率；2011 年又引入差别准备金动态调整，不仅有宏观审慎监管意味，也突破了货币政策工具和金融监管工具的界限。所以，在宏观审慎监管方面，我国是实践走在理论前面。为构建金融宏观审慎管理制度框架，宏观审慎监管的基础理论研究更需加强。

目前对宏观审慎监管的理解主要从与微观审慎监管的差异进行，但这个角度容易割裂宏观审慎监管与微观审慎监管的联系。改进方法有两种。第一种是从上向下的方法，先定义什么是系统性风险，再定义什么是宏观审慎监管。这种方法的出发点是宏观审慎监管的基础概念——系统性风险，但如果系统性风险不能被准确计量，则宏观审慎监管的定义可能失之宽泛。第二种是从下向上的方法，是从微观审慎监管和宏观审慎监管的联系出发，研究如何改进微观审慎监管工具及使用方法，以达到促进金融系统稳定的目的。这种方法刚开始时可能不会覆盖宏观审慎监管的全部内容，但建立在微观审慎监管方面坚实的基础研究上，有很好的拓展性。在系统性风险计量发展完善前，这种方法很可能是宏观审慎监管的主流。

本书采取第二种方法，综合使用理论建模、计量经济学分析和案例实证等方法对银行宏观审慎监管基础理论中的重点问题进行专门研究，以深化对相关基础理论的认识。本书主要研究针对银行的宏观审慎监管，基本不涉及证券公司、保险公司、基金公司、评级机构、支付清算系统、金融市场、房地产市场等领域。但需要指出的是，第八章"金融安全网和资本质量的宏观审慎监管功能"中的一些观点对除银行外的其他金融机构也成立。

第二节　宏观审慎监管基础理论研究综述

一、金融危机前的观点

根据 Clement（2010），宏观审慎监管一词最早出现在 1979 年国际清算银行 Cooke 委员会（巴塞尔委员会的前身）关于新兴市场贷款的内部讨论中，在 1986 年欧洲通货常务委员会（Euro - Currency Standing Committee）关于国际银行业创新的报告中第一次公开出现，但受到普遍关注则始于 2000 年 10 月国际清算银行时任总裁 Andrew Crockett 在银行监管当局国际会议上的讲话。

Crockett（2000）力图对宏观审慎监管给出一个分析性定义。他认为宏观审慎监管与微观审慎监管的主要差别在监管目标和经济功能概念上，而不在使用的监管工具上。宏观审慎监管的目标是控制金融危机造成的经济产出损失，包括控制金融危机的可能性和严重程度，即控制系统性风险。微观审慎监管的目标是控制单个金融机构倒闭的可能性，即控制个体风险，也可以理解为保护存款人利益的一种方式。在经济功能概念上，宏观审慎监管将系统性风险视为单个机构的集体行为所致，是内生的。而微观审慎监管则认为风险属于单个机构，是外生的。微观审慎监管认为，单个金融机构安全和稳健能保证金融系统的稳定。而在宏观审慎监管看来，对单个金融机构合意或合理的行为在系统层面可能是不利的，即存在"合成谬误"（Fallacies of Composition），比如银行在经济衰退期间提高信贷标准。Crockett（2000）还指出宏观审慎监管有两个维度。第一个是跨机构维度，是在同一时点上根据金融机构系统重要程度采取相应监管安排。第二个是时间维度，是在风险计量和缓释中考虑金融周期的变化。

国际清算银行 Borio（2003）在 Crockett（2000）的基础上进一步阐述了宏观审慎监管的两个维度。他认为，在跨机构维度，系统性风险主要来自单个金融机构的风险通过一系列传染机制（Contagion Mechanisms）扩散到金融系统中，并通过市场参与者的反应而放大（Amplification Mechanisms）。传染机制包括金融机构在支付清算系统和银行间市场形成的相互敞口，也包括金融机构在资产方的共同敞口。放大机制包括非流动性资产、流动性负债引发的银行挤兑。应对方法是，根据金融机构对系统性宏观风险的贡献校准相关监管标准。在时间维度，系统性风险主要来自风险在金融体系内的累积并且通过金融体系和实体经济之间的相互作用而扩大。他指出了当时正在讨论的 Basel II 可能存在顺周期性，应对方法是在金融周期向上时建立监管缓冲以应对金融周期下行的情景。

Borio（2006）总结了当时在宏观审慎监管实践方面的一些进展。在跨机构维度，瑞士对系统重要性金融机构采取更严格的监管标准。在时间维度，在 Basel II 制定过程中降低了内部评级法中风险权重函数的斜率，西班牙引入动态拨备制度，中国香港、韩国、马来西亚、泰国引入对贷款成数（Loan to Value Ratio，LTV）的动态调整。

因此，在金融危机前，宏观审慎监管三要素均已基本成形，包括：（1）目标是控制系统性风险、促进金融系统稳定。（2）有跨机构和时间两个维度。（3）监管标准在机构之间有差异、随经济周期动态变化。一些宏观审慎监管措施被付诸实践。但当时宏观审慎监管仍是一个比较小众的概念，真正登堂入室被监管界、学术界和实业界广泛关注并被正式制度化是金融危机后的事情。

二、金融危机后的观点

金融危机期间几个事件充分显示了微观审慎监管的不足，提高了人们对系统性风险和宏观审慎监管的重视程度。

第一个是合成谬误真实存在。比如金融危机前大量金融机构依赖短期限批发性融资（比如货币市场拆借）。从单个金融机构的角度看，这样做是理性的：一是丰富了融资渠道，一定程度上有助于降低负债方的流动性风险。二是短期限批发性融资的利率较低，有助于降低融资成本。三是当其他金融机构使用短期限批发性融资时，不这样做就处于竞争劣势。但从整个金融系统的角度看，大量金融机构依赖短期限批发性融资增加了金融系统期限错配的程度，放大了流动性冲击的影响。

第二个是银行间回购、证券出借以及衍生品交易的发展，使金融系统各组成部分的内在关联性大大加强，风险传播更加迅速并难以被监控。比如根据 SIGTARP[1]（2009a）[2]，AIG 在 2008 年 9 月 16 日至 12 月 31 日之间，共向 CDS、担保投资协议和融券业务的交易对手提供 1027 亿美元，这部分资金大部分来自美国政府的救助资金，包括：（1）向超过 20 家 CDS 交易对手提供 224 亿美元抵押品。（2）以 271 亿美元向 16 家 CDS 交易对手购买（实质是按面值购买）作为这些 CDS 标的物的 CDO 资产，以终止这些 CDS 交易。（3）向超过 20 家的担保投资协议交易对手（主要是美国的州政府）支付

---

[1] SIGTARP 为 Special Inspector General for the Troubled Asset Relief Program 的缩写，是美国专门针对问题资产援助计划的特别总检察长。

[2] 担保投资协议是一种保证投资收益率的结构化产品，市政机构、医院和大学等一般将发债收入投资于担保投资协议。AIG 的融券业务是 AIG 将其持有的长期债券短期借给其他金融机构，并要求这些金融机构提供现金抵押，AIG 再对这些现金抵押进行投资，比如购买住宅按揭支持证券。AIG 的融券业务本质上是用回购协议获得短期融资，并投资于长期资产，是 AIG 在 CDS 之外的另一个主要亏损点。

95 亿美元。（4）向 17 家融券业务交易对手支付 437 亿美元。由此可以看出，AIG 牵涉的交易对手范围有多大，破产会对这些交易对手造成多大冲击。

第三个是"大而不倒"金融机构真的倒不起。2008 年 9 月雷曼兄弟破产造成全球金融市场剧烈动荡，被普遍认为是金融危机深化的标志。此后各国再也没让大金融机构倒闭。美国接管了房地美和房利美、国有化了花旗集团和 AIG，英国国有化了北岩银行、劳埃德银行集团和苏格兰皇家银行，德国国有化了 Hypo Real Estate，法国与比利时一起国有化了德克夏银行。各国付出很大救助成本，影响了财政状况和主权信用评级，特别在欧元区。

第四个是资本监管和资产损失准备金对信贷供给有顺周期性效果（FSF[①]，2009），在经济下行期减少信贷供给，加大经济复苏难度，而公允价值会计对资产价格有顺周期效果，造成减价抛售（Fire Sale）。

从 2009 年开始，主要监管当局在关于监管改革的建议中普遍提出加强宏观审慎监管。在宏观审慎监管的分析方法方面，UK FSA（2009a）认为应包括五个方面：（1）金融系统对实体经济的信贷供给、信贷定价、借款人的杠杆程度以及借贷双方承担的风险。（2）期限转化的形式以及产生的流动性风险，比如银行期限错配的程度以及对批发性融资的依赖程度。（3）住房、股票和信用证券化等市场的资产价格与长期均衡水平的偏离。（4）金融系统的杠杆率水平。（5）一些尚未受到审慎监管的金融机构（比如对冲基金）对系统性风险的影响。货币政策和财政政策也可参考宏观审慎监管的分析结果。

在宏观审慎监管工具方面，HM Treasury[②]（2010）认为可用工

---

① FSF 是金融稳定论坛的缩写（Financial Stability Forum），为金融稳定理事会的前身。
② 英国财政部。

具包括：（1）逆周期资本要求。（2）可变风险权重。（3）杠杆限制。（4）前瞻性资产损失准备金。（5）贷款成数。（6）衍生品交易以及回购、证券出借中的保证金要求和抵押品的估值折扣（Haircut）。（7）贷款数量限制。（8）存款准备金要求。

在宏观审慎监管措施的跨机构维度上，US Treasury（2009a）认为"一类金融控股公司"（Tier 1 Financial Holding Companies）是系统性风险的重要来源，要受到更严格监管。其中"一类金融控股公司"是指综合考虑规模、杠杆和相互关联（Interconnectedness）等因素，这些机构的倒闭会对金融稳定构成威胁。UK FSA（2009b）提出恢复与处置计划（"生前遗嘱"）。恢复计划主要指金融机构应说明如何应对严重压力情况，包括资本恢复计划和流动性恢复计划。处置计划目的是让监管当局对金融机构倒闭有充分准备，做到处置有序，降低债权人的损失，控制对金融体系的冲击。Basel Ⅲ 提出系统重要性银行的附加资本要求（详见第二章），欧洲银行业引入了应急资本和自救债券（详见第八章），金融稳定理事会（FSB）[①] 提出了有效处置机制的关键特征（FSB，2011）。

在宏观审慎监管的时间维度上，FSF（2009）提出要改革以下方面的顺周期性：（1）Basel Ⅱ 资本监管。（2）资产损失准备金。（3）公允价值会计。（4）衍生品交易以及回购、证券出借中的保证金要求和抵押品的估值折扣。Basel Ⅲ 提出逆周期资本缓冲（详见第二章），国际会计准则理事会（IASB）与美国财务会计准则委员会（FASB）在公允价值会计方面提出了 IFRS 13 征求意见稿（详见第二章）。

总的来说，金融危机后对宏观审慎监管的研究从形而上的理念

---

① FSB 是金融稳定理事会（Financial Stability Board）的缩写。

讨论转到具体操作和实施上，新的工具、政策和制度设计大量涌现，不少宏观审慎监管措施被付诸实践。尽管宏观审慎监管成为显学，但宏观审慎监管的基础理论没有大的突破。甚至可以说，目前对宏观审慎监管的认识没有明显超越 Crockett（2000）和 Borio（2003）对宏观审慎监管三要素的论述。随着宏观审慎监管实践的丰富，基础理论研究的落后已经产生了一些消极影响。正如 Clement（2010）指出的，目前对宏观审慎监管的理解越来越宽泛，宏观审慎监管没有清楚、一致认可的内涵和外延，与货币政策之间已经出现了一些模糊地带。比如，在 UK FSA（2009a）关于宏观审慎监管分析方法的观点中，有一些实际属于货币政策范畴。

三、主要研究方法

目前对宏观审慎监管的理解主要从与微观审慎监管的差异进行，比如 Crockett（2000）和 Borio（2003，2006）。Borio（2003）就比喻说，要认清灰色，最好把它与黑色和白色对比。但这个角度容易割裂宏观审慎监管与微观审慎监管的联系。突出例子是，目前宏观审慎监管工具主要包括针对顺周期性的 Basel Ⅲ 逆周期资本缓冲和针对系统重要性金融机构的附加资本要求，都属于资本充足率监管，而资本充足率监管自 Basel Ⅰ 起就是微观审慎监管的核心工具。

改进方法有两种。第一种是从上向下的方法（A Top Down Approach），先定义什么是系统性风险，再定义什么是宏观审慎监管。这方面以 Taylor（2009）为代表。Taylor（2009）试图为系统性风险给出一个可操作定义。他认为系统性风险有三个要素。第一个要素是风险触发事件。风险触发事件有三个可能来源：公共部门，比如中央银行突然紧缩流动性；外部冲击，比如自然灾害或恐怖袭击影响了支付系统；金融市场内部，比如一个大金融机构倒闭。第二个要素是风险传导机制，有两个渠道。一是金融机构之间的直接金融联系（包括银行间贷款和衍生品合约），使一个金融机构破产通过链式反应对其他机构造成负面影响。二是金融机构之间没有直接金融联系，但一批金融机构持有与破产机构类似的资产或者对受风险触发事件影响的证券有较大敞口。银行挤兑和减价抛售属于第二个渠道。第三个要素是金融风险对实体经济的影响，有四个渠道：（1）货币供给。（2）信贷供给。（3）资产价格（包括汇率）。（4）利率。Taylor（2009）认为计量系统性风险非常困难，目前比较成熟方法只针对有直接金融联系的风险传导机制（比如网络模型，详见第四章），而且因为银行间敞口的可靠数据非常少，给相关计量工作带来很大障碍。

Taylor（2009）对系统性风险的定义涵盖跨机构和时间两个维度，是目前关于系统性风险的最全面定义，但仍面临计量上的很大困难。根据现代风险管理理论（Jorion，2007），风险指的是未来遭受损失的可能性，核心要求是损失分布可计量。如果损失分布不可计量，就不是风险，而是奈特式不确定性（Knight，1921）。与市场风险（因市场价格的不利变化而发生损失的风险）、信用风险（因债务人不履行还本付息义务而损失的可能性）、流动性风险（无法及时获得充足资金或无法以合理成本及时获得充足资金以应对资产增长或支付到期债务的风险）以及操作风险（由不完善或有问题的内部程序、员工和信息科技系统以及外部事件所造成损失的风险）相比，目前对系统性风险的理解更接近奈特式不确定性，而非可计量的风险概念。在这个基础上定义宏观审慎监管容易失之宽泛。

第二种是从下向上的方法（A Bottom Up Approach），是从微观审慎监管和宏观审慎监管的联系出发，研究如何改进微观审慎监管工具及使用方法，以达到促进金融系统稳定的目的。Kashyap 和 Stein（2004）对 Basel Ⅱ 顺周期性的研究最早体现了这种思路。他们认为，与其他监管形式一样，银行资本监管是为了应对市场失灵或负外部性。具体而言，监管当局通过资本监管约束银行破产的可能性以及负外部性。但资本监管如果过于严格，会减少银行信贷供给，造成实体经济投资不足。所以监管当局在制定资本监管标准时要平衡两个目标，一个是控制银行破产的负外部性，另一个是保障银行的信贷供给能力。他们提出了银行资本的影子价格概念，以衡量不同时点上银行资本相对有价值的投资项目的稀缺性。他们认为在银行资本的影子价格的每一个水平下，均存在一条风险曲线将贷款的风险特征映射到资本要求上。对给定贷款，在经济向好时，银行资本的影子价格低，应制定较高的资本要求，而在衰退期，银行资本的影子价格高，应制定较低的资本要求。他们认为根据不同时点上银行资本的影子价格高低，存在一族风险曲线，而 Basel Ⅱ 把银行的事前破产概率控制在 0.1%，相当于只使用一条固定的风险曲线，不是最优的。Kashyap 和 Stein（2004）的研究只限于资本监管和时间维度，而且银行资本的影子价格概念略显复杂，不易分析也不便推广。

本书就属于第二种方法。本书使用金融外部性的分析框架，对银行的三种主要外部性——信用风险的外部性、流动性风险的外部性以及信贷供给量（主要对货币、物价和经济增长）的外部性，分别界定了内在规模（Intrinsic Magnitude）、外在影响（External Impact）以及限额约束（Quota）等关键概念，在此基础上研究了中央计划者在外部性存在时的效用最大化问题以及限额约束对银行行为的影响，指出主要微观审慎监管措施均与某种限额约束等价，而不同机构以及不同时点上外在影响参数有差异，需要监管标准或限额因机构而异、随时间而变，这就导向了宏观审慎监管。与 Kashyap

和 Stein（2004）相比，本书在研究方法上主要有四点改进。一是使用统一的理论分析框架，有很好的拓展性。二是不仅适用于资本充足率监管，也适用于流动性风险监管和对信贷供给量的监管。三是适用于跨机构和时间两个维度。四是外在影响参数就相当于Kashyap和 Stein（2004）的"银行资本的影子价格"，但经济学内涵更明确、丰富，在很大程度上是可计量的。

第三节　本书逻辑结构、研究方法和主要创新

一、逻辑结构

本书共分九章。

第一章是导言，包括：选题背景和意义；相关文献综述；逻辑结构、研究方法和主要创新。目的是说明本书研究出发点、与现有文献的关系、计划研究的问题、使用的研究方法以及结构等。

第二章综述金融危机后微观审慎监管和宏观审慎监管方面的主要改革措施，目的是为后续分析做好铺垫，也划定本书的讨论范围。

第三章是金融监管的一般理论与宏观审慎监管之间的缺口分析。缺口分析原为工程学用语，指对实际情况与期望情况之间的差距进行分析。在本书中的含义是：在研究宏观审慎监管的基础理论时，金融监管的一般理论中哪些思想可以采用，除此之外还需要进行什么研究工作？我们根据金融外部性的分析框架研究银行宏观审慎监管的基础理论，给出了宏观审慎监管的数学表述，并证明了宏观审慎监管相对微观审慎监管的福利改进。这一章提出了五个需要进一步研究的问题，对这五个问题的研究依次构成第四章到第八章的内容。

第四章从宏观审慎监管视角分析银行的三种主要外部性：信用风险的外部性、流动性风险的外部性以及信贷供给量（主要对货币、物价和经济增长）的外部性，讨论了三种外部性的作用机制以

及内在规模和外在影响的度量方法，特别指出了不同机构以及不同时点上外在影响存在的差异。

第五章研究针对银行信用风险的宏观审慎监管，证明了针对信用风险的宏观审慎监管（包括对系统重要性金融机构的附加资本要求以及 Basel Ⅲ 逆周期资本缓冲）具有经济学合理性，并对 Basel Ⅲ 逆周期资本缓冲的效果和局限性进行了分析。

第六章研究针对银行流动性风险的宏观审慎监管，探索了流动性风险监管的基础理论，证明了 Basel Ⅲ 流动性风险监管工具的经济学合理性并指出存在的不足，提出可以引入针对流动性风险的宏观审慎监管。

第七章研究针对银行信贷供给量的宏观审慎监管，从理论上证明了差别存款准备金动态调整的经济学合理性，但基于实证分析认为差别准备金动态调整对信贷的调控作用有限。

第八章讨论了金融安全网和资本质量的宏观审慎监管功能。对金融安全网措施，本书讨论了它们对金融机构流动性、清偿能力的影响以及相关成本。对资本质量，本书指出它在宏观审慎监管功能上与金融安全网的等价关系，提出应通过合理设计资本吸收损失的机制，调动私人部门资源来促进金融稳定，以替代部分金融安全网的功能。

第九章总结全书并提出下一步研究计划。

总的来说，本书按逻辑结构可以分成"起、承、转、合"四个部分。第一章属于"起"，是破题。第二和第三章属于"承"，承上启下，是全书枢纽。第四到八章属于"转"，是按第三章提出的五个命题分别展开讨论。第九章属于"合"，总结全书并提出下一步研究计划（见图 1-1）。

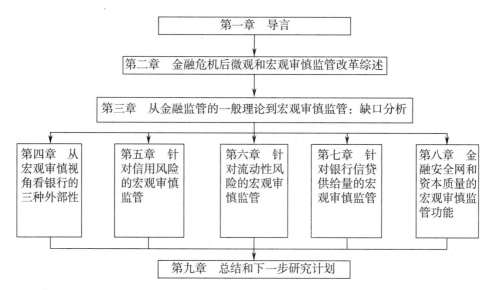

图 1-1　本书结构

二、研究方法

本书在研究银行宏观审慎监管的基础理论时，核心方法论是前面提到的"从下向上法"，具体分以下步骤：（1）选择金融外部性的分析框架，关注银行的三种主要外部性——信用风险的外部性、流动性风险的外部性以及信贷供给（主要对货币、物价和经济增长）的外部性，并严格界定了外部性的两个属性——内在规模和外在影响。（2）在外部性存在的情况下，研究了中央计划者的效用最大化问题，证明了对银行施加关于外部性内在规模的限额约束，能使银行行为满足中央计划者效用最大化要求，并指出主要微观审慎监管措施均与某种限额约束等价。（3）研究了外在影响参数与监管限额之间的关系，发现在其他条件一样的情况下，外在影响参数越大，监管限额越严。（4）对三种主要外部性的分析表明，不同机构以及不同时点上的外在影响存在差异，所以相应地，监管标准应该因银行而异、随时间而变，这就是宏观审慎监管。这个研究方法建立在微观审慎监管方面坚实的基础研究上，不仅能解释目前已提出的主要的银行宏观审慎监管措施，而且有很好的拓展性，能用来设计新的宏观审慎监管工具，比如第六章就讨论了针对流动性风险的宏观审慎监管的可行性。

在具体研究方法上，本书综合使用了经济学理论建模、计量经济学分析和案例实证方法。（1）在理论建模方面，第四章研究银行间相互关联的形成时使用拍卖模型，第五章研究逆周期资本监管时使用随机过程模型刻画宏观经济状态的动态变化，第八章分析金融完全网和资本质量的宏观审慎监管功能时使用了金融工程分析方法。（2）在计量经济学分析方面，第五章对银行风险权重的风险敏感性的分析使用截断点不确定的 Chow 检验，对不同资本监管机制下银行破产概率和信贷供给的分析使用数值模拟方法，第七章对存款准备金率约束下的信贷增长的分析使用面板数据回归。（3）案例实证主要用在第八章对金融安全网和应急资本、自救债券等新型资本工具的分析中。

三、主要创新

1. 建立了一个研究银行宏观审慎监管基础理论的新范式，说明了宏观审慎监管和微观审慎监管的区别不在于监管工具，而在对监管标准的把握上；宏观审慎监管与微观审慎监管既有对立，更有统一。这个新范式不仅能解释目前已提出的主要的银行宏观审慎监管措施，也能用来开发新的宏观审慎监管工具。

2. 证明了 Basel III 针对系统重要性金融机构的附加资本要求以及逆周期资本缓冲的经济学合理性，通过实证方法分析了 Basel III 逆周期资本缓冲的效果并指出其局限性。

3. 探索了流动性风险监管的基础理论，证明了 Basel Ⅲ 流动性风险监管工具的经济学合理性并指出存在的不足，提出可以引入针对流动性风险的宏观审慎监管。

4. 从理论上证明了差别存款准备金动态调整的经济学合理性，但基于实证分析认为差别准备金动态调整对信贷的调控作用有限。

5. 系统地分析了金融安全网和资本质量的宏观审慎监管功能，指出了它们之间的等价关系。

中国金融四十人·青年书系
CHINA FINANCE 40 FORUM–YOUTH ECONOMIST BOOKS

第二章

金融危机后微观和宏观审慎
监管改革综述

这一章综述金融危机后微观和宏观审慎监管方面的主要改革措施，目的是为后续分析做好铺垫，也划定本书的讨论范围。本章共分四节，第一节是金融监管改革概述，第二节综述微观审慎监管改革措施，第三节综述宏观审慎监管改革措施，第四节是小结。

第一节　金融监管改革概述

金融危机后，关于金融监管改革的建议和政策文件可谓浩如烟海。政策讨论阶段的代表性文献有：国际组织方面，G20（2009）、BCBS（2009a，2009b）、FSF（2009）；美国方面，US Treasury（2009a）；英国方面，UK FSA（2009）、HM Treasury（2010，2011）和 Independent Commission on Banking（2011）；欧元区方面，De Larosière 等（2009）；学术界和非官方组织方面，Brunnermeier 等（2009）和 G30[①]（2009）。正式政策文件方面的代表性文献是 Basel Ⅲ（BCBS，2011a）和美国的 Dodd‐Frank 法案（US Congress[②]，2010）。

Basel Ⅲ的主要特点是：一是三大支柱的架构（最低监管要求、监督检查和信息披露）不变，主要改革第一支柱，第二和第三支柱有所调整。二是监管工具以资本充足率监管为主，引入流动性风险监管。三是监管理念以微观审慎监管为主，引入宏观审慎监管，体现为逆周期资本缓冲和对系统重要性银行的附加资本要求。四是在资本充足率监管方面，提高资本质量、风险加权资产计量的覆盖面以及最低监管资本要求，并引入杠杆率作为资本充足率的补充。

《多德—弗兰克法案》被普遍认为是自 20 世纪 30 年代大萧条以来覆盖范围最广、改革力度最大的金融监管改革法案，包括完善

[①]　30 人小组，成立于 1978 年，由中央银行、金融业界以及学术界的知名人士组成。

[②]　美国国会。

金融监管体制、建立金融稳定监察委员会、建立金融机构破产与清算机制、沃尔克规则、金融衍生品监管改革、确立信用证券化产品的风险留存要求、提高银行资本标准、金融消费者和投资者保护以及加强私募基金、对冲基金和信用评级机构监管等多方面内容，篇幅达 2319 页，有大量实施细则还在制定过程中。

综观这些金融监管改革措施，本书认为可分为审慎监管、金融市场和行为监管以及金融消费者保护三个组成部分。审慎监管分为针对单个金融机构安全和稳健的监管（微观审慎监管）、针对金融系统安全和稳健以及金融系统和实体经济相互作用的监管（宏观审慎监管），是本书主要研究对象，也是本章综述重点。

金融市场和行为监管包括对金融产品、金融市场机制（比如支付清算系统和交易所等）和市场参与者行为的监管，尽管也能提高单个金融机构或金融系统的安全和稳健，但主要目的是使金融交易更安全、公平和有效。本次金融市场和行为监管改革主要针对信用证券化、场外衍生品、信用评级机构和薪酬。本章不详述，相关介绍可见谢平、邹传伟（2010）。

金融消费者保护①主要是保障金融消费者在金融交易中的权益。主要背景是消费者主权理论以及信息不对称下金融机构对消费者权益的侵害。因为金融消费者保护与本书主题关系不大，也不详述，可参考谢平（2010）。

另外，有大量文献讨论金融监管体制，涉及以下关键问题：第一，如何实施宏观审慎监管，是否成立专责机构，宏观审慎监管职能与微观审慎监管职能、货币政策之间是什么关系？第二，如何实施金融消费者保护，是否成立专责机构，金融消费者保护职能与审

---

① 金融消费者保护与金融市场和行为监管有紧密联系，有学者认为金融消费者保护属于行为监管。之所以将金融消费者保护单列出来，是因为金融消费者保护主要针对非专业人群（比如散户投资者），有专门的基础理论和实践原则，而金融市场和行为监管主要针对专业机构。

慎监管职能之间是什么关系？第三，如何实施对影子银行体系的监管？第四，如何解决多个监管机构之间的沟通和协调问题？对金融监管体制，本章也不详述。

第二节　微观审慎监管改革措施

一、资本充足率监管

以 Basel Ⅱ 为代表的资本充足率监管的缺陷，除本章第三节将讨论的顺周期性外主要是三点。第一，交易类资产和证券化资产的风险权重偏低，使得面临金融危机冲击时，银行资本不够充足。第二，资本质量不高，普通股和留存盈余占比低，混合资本工具吸收损失的能力不高。第三，风险加权资产测算不客观，一定程度上掩盖了金融系统杠杆率不断升高的风险。

作为应对，Basel Ⅲ 在资本充足率监管方面的改革主要包括：一是提高资本质量。核心一级资本由普通股和留存盈余构成。一级资本应在持续经营条件下具备足够的损失吸收能力，普通股和留存盈余占一级资本的比例从50%提高到75%。次级的、收益或红利完全非累积并且没有确定到期日或鼓励赎回条款的资本工具也可作为一级资本，但可被赎回的创新型混合资本不能作为一级资本。二级资本的各子类别被统一。应市场风险要求而存在的三级资本被废除。

二是提高风险加权资产计量的覆盖面，包括提高复杂证券化产品、交易类资产的风险权重以及涵盖表外敞口和交易对手信用风险敞口等。

三是在更严格的资本定义和更广的风险覆盖面基础上提高最低监管资本要求，引入资本留存缓冲。最低普通股资本比率从2%提高到4.5%。资本留存缓冲固定在2.5%，目的是让银行在金融经济压力情景下能由这一缓冲吸收损失，因为其由普通股构成，所以普通股资本充足率提高到 7%。最低一级资本金比率从 4% 提高到 6%，考虑资本留存缓冲后资本充足率从 8% 提高到 10.5%。具体情况见图 2－1。资本留存缓冲和逆周期资本缓冲尽管不属于最低监管要求，客观上也起到了提高资本充足率的效果。比如第五章将说明，Basel Ⅲ逆周期资本缓冲在 0～2.5%，在一个经济周期内相当于把资本充足率提高 1%。

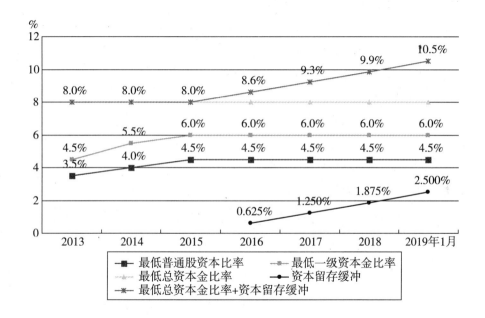

图 2－1　Basel Ⅲ 资本充足率要求

四是引入逆周期资本缓冲区间 0～2.5%，由监管当局相机决定，主要由普通股和其他能完全吸收损失的资本工具构成，目的是在信贷过快增长并导致系统性风险积累的情景下让银行持有更多资本。逆周期资本缓冲主要为应对顺周期性，具体介绍见本章第三节。

逆周期资本缓冲是资本留存缓冲的延伸（Add－on）。如果银行一级资本充足率低于最低监管资本要求、资本留存缓冲和逆周期资本缓冲之和，在回购股份、分发红利和发放奖金等方面要受限制。而且资本充足率越接近最低监管资本要求，限制越大。见表2-1。

表2-1 资本留存缓冲和逆周期资本缓冲对银行的限制

一级资本充足率	下一年银行利润中必须留存的比例（%）
＜最低一级资本金比率＋（资本留存缓冲＋逆周期资本缓冲）×25%	100
最低一级资本金比率＋（资本留存缓冲＋逆周期资本缓冲）× ［25%－50%］	80
最低一级资本金比率＋（资本留存缓冲＋逆周期资本缓冲）× ［50%－75%］	60
最低一级资本金比率＋（资本留存缓冲＋逆周期资本缓冲）× ［75%－100%］	40
＞最低一级资本金比率＋（资本留存缓冲＋逆周期资本缓冲）×100%	0

五是引入对系统重要性银行的附加资本要求，具体介绍见第本章第三节。

六是鉴于风险加权资产计量中的非客观因素，使用未经风险调整的表内外资产总额，计算并控制杠杆率，作为资本充足率的补充。2013年至2016年测试3%的最低一级资本杠杆率（＝一级资本/表内外资产总额，表外资产有一定转化系数），2018年正式实施。杠杆率的引入是降低资本监管的风险敏感度，与从Basel Ⅰ到Basel Ⅱ的改革方向正好相反。原因一是缓解风险资产计量中监管当局和银行之间的信息不对称以及由此引发的监管套利，二是应对风险权重的顺周期性。

最后，在资本形态上有创新，主要是应急资本和自救债券。应急资本和自救债券在正常情况下和普通债券一样还本付息。当银行资本充足率降到事先约定的水平或者监管当局认为银行经营出现困难时，可被注销或转换为普通股。应急资本和自救债券能满足危机情况下银行的资本需求，让一部分债权人分担损失。这是资本工具上的创新，在欧洲银行业已被付诸实践，第八章将详细介绍和分析。

二、流动性风险监管

金融危机前对流动性风险关注是不够的。首先，没有认识到资本充足的银行也可能出现流动性危机，甚至丧失持续经营的能力。比如英国北岩银行遭挤兑并最终被国有化不是偿债能力出了问题，而是由于过于依赖货币市场进行短期限的批发性融资，当此融资渠道受阻时，便出现流动性问题。

其次，对影子银行体系的流动性风险缺乏足够认识，主要包括货币市场基金、证券化、证券出借和回购市场。影子银行体系起到了类似银行的期限转化功能，却不受资本充足率或存款准备金率的监管要求，也不受存款保险保护。2008 年 9 月 16 日，美国货币市场基金 Reserve Primary Fund 因为对雷曼兄弟有短期债务敞口，雷曼兄弟倒闭后该基金跌破面值，引发了货币市场基金赎回潮，对货币市场基金行业产生了类似银行挤兑的效果，加剧了信用紧缩。美国政府为此出台了一系列流动性支持措施。这些措施均体现了对影子银行体系期限转化功能的深刻理解，从事后看也取得了很好的效果，非常值得研究。第八章将详细讨论这些措施。

银行的流动性风险来自资产与负债的期限不匹配，即资产的期限长于负债或"借短贷长"，这是由银行承担的期限转化功能决定的。就流动性风险的资产方来源而言（即市场流动性），一些机构依赖"市场随时变现"模式，即通过变现资产进行流动性管理。但金融危机表明，极端情况下市场流动性可能急剧恶化甚至消失，不减价抛售很难达到变现资产的目的。就流动性风险的负债方来源而

银行宏观审慎监管的基础理论研究

言（即融资流动性），一些机构依赖短期限的批发性融资（比如货币市场拆借），但这些融资渠道不稳定，在信用紧缩时往往最先受到冲击。

作为应对，Basel Ⅲ正式引入了流动性风险监管，提出两个流动性风险监管工具。第一个是短期流动性指标——流动性覆盖比率（Liquidity Coverage Ratio，LCR），等于优质流动性资产储备与根据流动性压力测试估计的未来30天内净现金流出量之比。流动性覆盖比率必须超过100%，目的是保证银行有充足的流动性资产以应对短期流动性冲击。

第二个是中长期流动性指标——净稳定融资比率（Net Stable Funding Ratio，NSFR），等于可用的稳定资金（Availabe Amount of Stable Funding，ASF）与业务所需的稳定资金（Required Amount of Stable Funding，RSF）之比，要点如下。

1. 可用的稳定资金的含义是，在压力情景下，在1年时间内可以依赖的股权和债权融资。可用的稳定资金包括：（1）资本；（2）期限在1年以上的优先股；（3）有效期限在1年以上的负债；（4）活期或剩余期限在1年内的定期存款中预期在压力情景下不会被从银行中提走的部分。计算可用的稳定资金时，各类负债要乘以相应权重，其中前三类权重是100%，第四类可为50%、70%或85%。

2. 业务所需的稳定资金涵盖全部表内和表外资产。计算时，要根据各类资产的期限和风险水平赋予相应权重，期限越长或风险越高，权重越大。

3. 净稳定融资比率必须超过100%，目的是控制银行的流动性错配，鼓励银行使用稳定的融资渠道。

Basel Ⅲ流动性风险监管改革实施方法是：流动性覆盖比率从2011年开始观察，2015年引入最低监管标准（60%，此后每年递增10%，直到2019年达到100%）；净稳定融资比率从2012年开始观察，2018 年引入最低监管标准。另外，Basel Ⅲ 还建议合同期限错配、融资集中度、可用的无变现障碍资产以及与市场有关的监测工具等四方面流动性辅助指标。

截至 2012 年底，对影子银行体系监管还在讨论过程中，金融稳定理事会发布了关于加强影子银行体系监管的征求意见稿（FSB，2012a，2012b）。另外，要避免银行监管加强后，高风险业务转入影子银行体系。

第三节　宏观审慎监管改革措施

一、顺周期性及应对措施

金融系统的顺周期性主要有三个方面。第一，资本充足率监管的顺周期性。第二，资产损失准备金的顺周期性。两者都体现为金融系统对实体经济的信贷供给在经济上行期增加，在经济下行期减少，放大了经济短期波动。针对信贷的顺周期性波动，中国人民银行还提出了差别准备金动态调整（实际上，差别准备金动态调整也有系统重要性银行监管的成分，但因为主要应对信贷顺周期性，所以放在这一节介绍）。第三，公允价值会计引起的顺周期性，体现为金融系统对资产价格波动的放大，特别在减值出售情况下。

（一）资本充足率监管的顺周期性

资本充足率监管的顺周期性体现为：经济上行时，信贷风险未充分体现，对信贷供给的约束趋松，容易造成信贷过度扩张，积累系统性风险；经济下行时，信贷风险体现出来，对信贷供给的约束趋紧，而此时银行很难获得股权融资，不得不收缩资产负债表，要么减价抛售资产，使资产价格进一步下跌，要么减少信贷供给，增加经济复苏难度。

作为应对，Basel Ⅲ引入逆周期资本缓冲，处于 $0 \sim 2.5\%$，使资本充足率要求在经济金融形势景气时增加，在经济金融形势低迷时降低。对逆周期资本缓冲水平的确定，巴塞尔委员会建议主要参考私人部门信贷/GDP 比率（见图 2－2）。首先，定义：

信贷/GDP 比率的缺口（GAP）＝信贷/GDP 比率的当前值－趋势值

其中，趋势值可根据 H－P 滤波器估计。

其次，逆周期资本缓冲达到区间上下限的条件是（参数有待校准）：

如果信贷/GDP 比率的缺口 < 2%，逆周期资本缓冲 = 0；

如果信贷/GDP 比率的缺口 > 10%，逆周期资本缓冲 = 2.5%。

巴塞尔委员会认为除信贷/GDP 比率外，还应参考银行业税前利润、CDS 价差、融资成本和资产价格等指标。

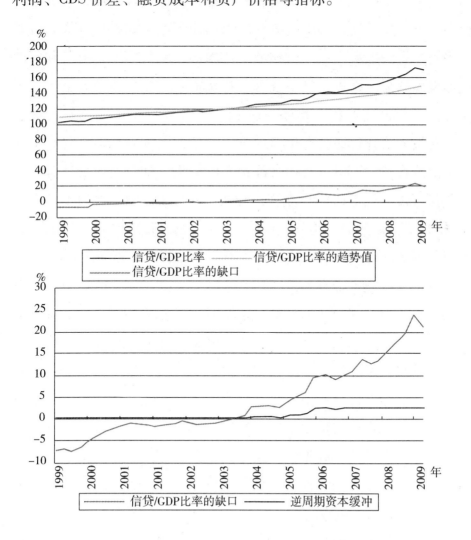

图 2－2　Basel Ⅲ关于逆周期资本缓冲的建议

但巴塞尔委员会承认，逆周期资本缓冲存在局限性，其主要目标是防止经济下行时的信贷紧缩，而非熨平信贷的周期性波动，防止经济上行时的信贷过度扩张只是一个"正面的附加影响"。第五章将从实证分析角度研究逆周期资本缓冲的效果。

（二）资产损失准备金的顺周期性

资产损失准备金是一个会计概念，属于备抵账户，构成资产方的扣减项。资产损失准备金主要是针对贷款等按成本或摊余成本计价的资产，用于反映其价值变化。当预期资产可能发生损失时，要计提资产损失准备金，同时扣减资产净额、减少当期损益。到资产实际发生损失时，进行核销处理，扣减资产损失准备金余额。如果实际损失超过资产损失准备金余额，超出部分要从当期损益中扣减。对按市值计价或公允价值计价的资产，因为其价值变化直接体现在财务报表上，不存在损失准备金的概念。如果所有资产都按公允价值计价，就不需要设立资产损失准备金。另外，在 Basel Ⅱ 和 Basel Ⅲ 下，资产损失准备金吸收预期损失，资本吸收非预期损失，就吸收损失的功能而言，资产损失准备金和资本有相通之处。

资产损失准备金有顺周期性。会计准则要求基于事实依据和管理层判断，确认资产组合存在恶化时计提拨备（Incurred Loss 方法）。在经济上行时，资产组合的信用风险尚未完全体现出来，拨备计提就少。在经济下行时，资产组合的信用风险体现出来，应计提的拨备就多，但此时银行的利润和资本压力很难为提高拨备留下足够空间。这样资产损失准备金的计提就存在滞后。

改革方向是建立前瞻性和逆周期的资产损失准备金。要基于对资产组合未来损失的预期，在信贷风险不断累积的时候，提前计提拨备（Expected Loss 方法）。在经济上行时多计提拨备，以应对经济下行时吸收信贷损失的需要。实践方面，以西班牙中央银行实行的动态拨备制度为代表（Banco de Espaéa，2005；Jiménez 和 Saurina，2005）。在动态拨备制度下，银行总拨备只与贷款总量相关，与不良贷款总量不直接相关；而在传统拨备制度下，每年计提的总拨备与不良贷款变化量高度相关。所以，动态拨备制度排除了不良贷款周期性变化的影响。

但前瞻性资产损失准备金与会计准则的冲突有待解决。会计准则的目标是客观而准确地反映会计主体的财务状况，对尚未发生的损失计提拨备可能影响财务报表的真实性，也为盈余管理留下空间。截至 2012 年底，国际会计准则理事会与美国财务会计准则委员会仍在讨论前瞻性资产损失准备金的细节[1]。

（三）差别准备金动态调整

差别准备金动态调整是在差别存款准备金率制度中引入动态调整因素。

2004 年，中国人民银行提出差别存款准备金率制度，核心是[2]，金融机构适用的存款准备金率与其资本充足率、资产质量等指标挂钩。金融机构的资本充足率越低、不良贷款率越高，适用的存款准备金率越高；反之则反是。2004 年引入差别存款准备金率的主要背景是，当时我国相当部分金融机构难以达到 8% 的最低资本充足率要求，资本充足率监管尚未有效实施，而统一的存款准备金率不利于对金融机构形成正向激励，为此使用差别存款准备金率以制约资本充足率不高且资产质量不高的金融机构的贷款扩张。

2011 年，中国人民银行结合宏观审慎理念和流动性管理需要，引入差别存款准备金率动态调整。目标是：引导货币信贷平稳适度增长，提升金融体系风险防范能力。原理是：基于银行信贷偏离经济增长加物价指数的程度，同时考虑各银行对整体偏离的影响以及各自的系统重要性程度和稳健性状况，引导并激励银行自我保持稳

---

① http：//www.financialstabilityboard.org/publications/r_ 130216b.pdf.
② 中国人民银行决定实行差别存款准备金率制度．中国人民银行网站，2004。

健和调整信贷投放。在差别准备金动态调整下，信贷偏离度越小、稳健性程度越高的银行，可相应少存放准备金、多放贷款，反之就需多存放准备金减少贷款投放；超过达标要求后，可视情况反向释放已存放的差别准备金。差别准备金动态调整的核心是如下四个公式：

各银行执行的差别准备金率是：

$$RRR_i = \alpha_i(CAR_i^* - CAR_i) \qquad (2-1)$$

公式（2-1）中，α_i 为稳健性调整系数，综合考虑两类因素确定。一是银行稳定性状况，主要依据流动性、杠杆、拨备等符合监管指标的情况。二是信贷政策执行情况。CAR_i 是银行实际的资本充足率。CAR_i^* 是按宏观审慎要求测算出的目标资本充足率：

$$CAR_i^* = 8\% + CSS_i + CCB_i \qquad (2-2)$$

公式（2-2）中，8% 为最低资本充足率要求。CSS_i 是系统重要性附加资本（Capital Surchage for Systemically Important Banks）。系统重要性附加资本按基准法（Benchmarking）确定，与下文将介绍的 Basel Ⅲ 的确定方法不一样。首先，选择一家在银行体系中处于承上启下位置的银行作为参考基准，该银行的系统重要性附加资本设定为2%。其次，对其他银行，有两种情形。情形一：对资产超过参考基准的银行，主要按资产排序，系统重要性附加资本取在2.1%~2.5%。情形二：对资产低于参考基准的银行，系统重要性附加资本为

$$CSS_i = \min\left(\frac{Asset_i}{Asset_{BM}} \times 2\%, 0.5\%\right) \qquad (2-3)$$

公式（2-3）中，$Asset_i$ 为银行资产，$Asset_{BM}$ 为基准银行的资产。

公式（2-2）中，CCB_i 为逆周期资本缓冲（Countercyclical Capital Buffer），按如下公式确定，也与前文已介绍的 Basel Ⅲ 逆周期资本缓冲的确定方法也不一样：

$$CCB_i = \min\left[\beta_i(LoanGrowth_i - GDP_{target} - CPI_{target}),0\right]$$

$$(2-4)$$

公式（2-4）中，β_i 为各银行对整体信贷顺周期贡献度参数，一是参考 Basel III 逆周期资本缓冲的确定方法，根据信贷/GDP 比率偏离长期趋势的程度测算宏观经济热度。二是根据不同银行系统重要性差异调整其对整体信贷偏离的贡献。$LoanGrowth_i$ 是银行的贷款增速，GDP_{target} 和 CPI_{target} 分别是目标 GDP 增速和目标 CPI。

差别存款准备金动态调整是中国人民银行在构建逆周期的金融宏观审慎管理制度框架方面的核心工作之一。差别准备金动态调整具有宏观审慎监管工具的两个主要特征，即信贷投放偏快时上调、对系统重要性机构更严格。2011 年上半年，中国人民银行对若干资本充足率较低、信贷增长过快、顺周期风险隐患增大的金融机构实施了差别准备金要求。

（四）公允价值会计的顺周期性

公允价值是指在公平交易中，熟悉情况的交易双方自愿进行资产交换或者债务清偿的金额，其中交易双方应当是持续经营企业，不打算或不需要进行清算、显著缩减经营规模或在不利条件下进行交易。公允价值主要有三个层级。第一层级，如果资产有流动性良好的二级市场，应使用二级市场交易价格对资产计价，称为按市值计价（Mark to Market）。第二和第三层级，如果资产没有流动性良好的二级市场，应依据以资产定价理论为基础的模型进行估值，称为按模型估值（Mark to Model）。二层级金融资产指能获得类似资产或负债在活跃市场上的报价，或相同或类似资产或负债在非活跃市场上的报价的，并以该报价为依据作必要调整确定公允价值的金融资产。二层级金融资产主要包括与股价、利率、汇率、信用以及大宗商品价格挂钩的场外衍生品。三层级金融资产指无法获得相同或类似资产可比市场交易价格的，以其他反映市场参与者对资产或负债定价时所使用的参数为依据确定公允价值的金融资产。三层级金融资产主要包括非公开市场交易的股权和债权工具。

公允价值会计引发的顺周期性体现为：当资产价格下跌时，公允价值会计下的资产市值下跌，引发市场参与者的抛售行为，而抛售行为又会进一步促使资产价格下跌，从而形成恶性循环；反之，当资产价格上涨时，公允价值会计则会助长上涨趋势。

金融危机后，尽管有各种反对声音，公允价值会计因为更能反映资产负债表的真实情况，地位得到了加强。主要改革方向有三个：一是国际会计准则和美国会计准则趋同，二是对贷款不使用公允价值会计，三是对金融资产减值使用预期损失法。国际会计准则理事会和美国财务会计准则委员会已经针对公允价值会计出台了IFRS 13征求意见稿（IASB，2011），其中把公允价值的定义修改为："在有序交易中，市场参与者之间出售一项资产所能收到或转移一项负债将会支付的价格。"主要针对市场不活跃或无序交易时的估值不确定问题，要求公允价值是有序出售资产或转移负债的退出价格，而不是清算价格或被迫出售的价格。

二、系统重要性金融机构及应对措施

金融危机充分表明，系统重要性或"大而不倒"金融机构是系统性风险的重要来源。"大而不倒"金融机构破产有巨大的负外部性，政府很难承受，在"大而不倒"金融机构出问题时不得不出手救助。这样造成了"大而不倒"金融机构的道德风险。市场参与者预期到这一问题后，也不会对"大而不倒"金融机构形成有力约束。

金融危机期间各国政府对"大而不倒"金融机构采取各种金融安全网措施，纳税人承担大量救助成本。第八章将详细讨论这些金融安全网措施。其中，国有化是政府救助大型银行的最后一个"杀手锏"。当具有系统重要性的金融机构无法获得私人部门的股权融资，破产又会对金融体系造成巨大冲击时，国有化便成为金融稳定的工具。通过国有化，政府稀释银行原有股东的利益，保护银行债权人（特别是存款人）的利益。国有化后政府对银行的影响主要体现为改组董事会或高管层、限制高管薪酬或要求银行增加对实体经济部门的信贷供给，实际上强化了银行的公共职能。从这个意义上讲，国有化不仅仅具有单纯产权上的意义，也成为一个重要的金融监管工具。

对"大而不倒"金融机构的应对措施包括事前限制其存在、事中提高监管标准、建立事后处置机制。首先是事前限制"大而不倒"金融机构的存在，特别针对既大又混业的金融机构。美国"沃尔克规则"提出：银行对私募基金和对冲基金的投资额不能超过基金总资产的3%以及银行自身核心资本的3%；限制银行利用自有资本进行自营交易；对银行规模也进行了限制，要求银行进行重组并购时，收购后的关联负债不得超过所有金融机构负债的10%。美国《多德—弗兰克法案》提出，在金融稳定监察委员会三分之二多数批准下，美联储有权分拆或限制被视为对金融稳定构成威胁的机构（理论上，除银行外，证券公司、保险公司和基金公司都有可能"入选"）。英国独立银行委员会提出隔离零售银行和投资银行（Independent Commission on Banking，2011）。零售银行部分负责国内存贷款业务，不得从事高风险的交易性或衍生品业务，成为独立的法律实体，有自己的董事会，受到更严格的资本充足率要求。

其次是事中提高对"大而不倒"金融机构的监管标准。金融危机前一般认为对大机构可放松监管标准，现在颠覆了这一观点。巴塞尔委员会2011年7月提出从规模、跨境业务、相互关联程度、可替代性和复杂程度等五个维度对全球重要性金融机构进行打分，分成五档，附加资本要求在 1% ~ 3.5%。巴塞尔委员会共识别了 28 家全球重要性金融机构，其中包括中国银行（BCBS，2011b）。

最后是建立事后处置机制。主要目的是使"大而不倒"机构的破产清算可操作且成本可控，降低破产的负外部性，从而在事前形成可信威胁，缓解政府应对"大而不倒"机构中的动态不一致问题，有助于在事前降低"大而不倒"金融机构的道德风险。其他好处包括：缓解监管当局与金融机构之间的信息不对称，使监管当局在处置问题机构时有充足的信息和工具；缓解存款人等利益相关者与金融机构之间的信息不对称，使利益相关者在面对问题机构时有稳定预期，减少类似银行挤兑等囚徒困境出现的可能性。

事后处置机制的代表如下：英国提出恢复与处置计划（"生前遗嘱"），要求金融机构向监管当局提交预案，说明经营困难时如何恢复资本和流动性以及倒闭时监管当局如何处置。美国将 FDIC[①] 的清算职能扩大到大型非银行金融机构，给予 FDIC "清算授权"，要求其建立起安全有序的破产清算机制。FSB（2011）提出了关于处置机制的国际指引，核心是保证所有金融机构都能被安全和迅速地处置，并且尽量减少对金融系统的影响和纳税人承担的损失。

这里面的一个关键问题是救助和处置成本的分担。大的方向是救助和处置成本应尽量由金融机构股东和债权人承担，尽量减少纳税人的付出。由金融机构承担的部分要反映金融机构产生的负外部性，即"庇古税"。IMF（2010a）提出，为避免扭曲激励机制，"庇古税"应等于政府救助银行的净财政成本。但"庇古税"征收存在如下问题：（1）事前征收还是事后征收？（2）征税基础是金融机构的负债、利润、业绩奖金还是金融交易？（3）征税收入用于设立专门的问题机构处置基金，还是纳入财政预算？有的欧洲国家在

---

① 美国联邦存款保险公司。

事前向金融机构征收一定费用，以备在金融机构出现问题时进行救助之用，相当于一种扩大的存款保险机制。美国2010年提出金融危机责任费：至少在未来10年，向资产超过500亿美元的境内银行和境外银行在美子银行，以其负债中未受存款保险覆盖的部分为基础，每年按0.15%费率征收金融危机责任费，以确保问题资产救助计划（Troubled Asset Relief Program，TARP）不亏损。美国《多德—弗兰克法案》提出不成立专门的问题机构处置基金，财政部可为金融机构破产清算提供前期费用，FDIC可对总资产超过500亿美元的大型金融机构收费弥补破产损失。

第四节　小　结

　　这一章为以后各章做铺垫，集中介绍了金融危机后微观和宏观审慎监管改革方面的主要措施。这样，后文在提到资本质量、Basel Ⅲ逆周期资本缓冲、对系统重要性银行的附加资本要求、Basel Ⅲ流动性风险监管工具、差别存款准备金动态调整等基本概念或监管措施时，就不再重复介绍了。另外，针对系统重要性金融机构的金融安全网也是宏观审慎监管体系的重要组成部分，因为第八章将用案例分析方法进行专门研究，这一章先不介绍。需要说明的是，为了不破坏金融危机后微观和宏观审慎监管改革的完整图景，也因为各种监管措施之间的内在联系（比如公允价值会计和银行流动性风险），本章介绍了一些后文没有专门研究的监管措施，比如资产损失准备金和公允价值会计。事先限制系统重要性金融机构存在和建立事后处置机制，涉及公司架构、处置和破产清算中复杂的法律、政策和操作问题，后文也没有专门研究。总体而言，本章达到了划定本书讨论范围的目的（见图 2-3）。

　　综合目前银行宏观审慎监管方面的主要措施，可以看出：宏观审慎监管与微观审慎监管在监管工具上有紧密联系。比如，目前宏观审慎监管工具主要包括针对顺周期性的逆周期资本缓冲和针对系统重要性金融机构的附加资本要求，都属于资本充足率监管，而资本充足率监管自 Basel Ⅰ 起就是微观审慎监管的核心工具。

　　这印证了 Crockett（2000）的观点，即宏观审慎监管与微观审慎监管的主要差别在监管目标和经济功能概念上，而不在使用的监管工具上。所以，从与微观审慎监管对立的角度来理解宏观审慎监

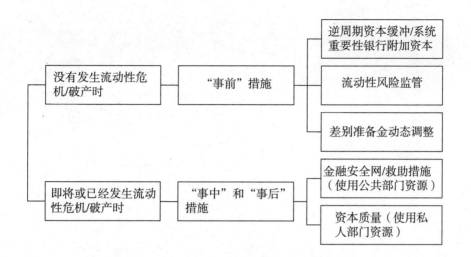

图 2 - 3　本书的研究范围

管的方法是片面的。因此，对宏观审慎监管的研究，仍要从金融监管的一般理论（特别是微观审慎监管理论）出发。

中国金融四十人·青年书系
CHINA FINANCE 40 FORUM–YOUTH ECONOMIST BOOKS

第三章

从金融监管的一般理论到宏观
审慎监管：缺口分析

　　缺口分析原指对实际情况与期望情况之间的差距进行分析。在此处的含义是：在研究宏观审慎监管的基础理论时，金融监管的一般理论中哪些思想可以采用，除此外还需要进行什么研究工作。

　　本章共分四节。第一节讨论金融监管的必要性，即基本理念或"意识形态"层面的问题。第二节讨论宏观审慎监管基础理论研究的路径选择，即如何从金融监管的一般理论出发进行研究，也就是方法论或技术层面的问题。第三节从中央计划者角度给出了宏观审慎监管的数学表述，并论证宏观审慎监管相对微观审慎监管的福利改进。第四节小结并提出五个需要进一步研究的问题，对这五个问题的研究依次构成第四章到第八章的内容。

　　本章的贡献主要是：提出根据金融外部性的分析框架研究银行宏观审慎监管的基础理论，在严格界定金融外部性和限额约束相关概念的基础上给出宏观审慎监管的数学表述，并证明了宏观审慎监管相对微观审慎监管的福利改进。

第一节　金融监管的必要性分析

我们支持金融监管的必要性，理由如下：

金融危机前放松金融监管的观念很大程度上受有效市场假说影响。在这种理念下，市场参与者理性，个体自利行为使得"看不见的手"自动实现市场均衡，均衡的市场价格完全和正确地反映了所有信息（市场有效）。因此，金融监管的一个关键目标是排除造成市场非有效的因素，让市场机制发挥作用，少监管或不监管。具体有三点。第一，因为市场价格信号是正确的，可以依靠市场纪律来有效控制有害的风险承担行为。第二，要让问题机构破产清算，以实现市场竞争的优胜劣汰。第三，对金融创新的监管没有必要，市场竞争和市场纪律会淘汰没有必要或不创造价值的金融创新，管理良好的金融机构不会开发风险过高的产品，信息充分的消费者只会选择满足自己需求的产品。而且就判断金融创新是否创造价值而言，监管当局相对市场不具有优势，监管反而可能抑制有益的金融创新。

但金融危机中几点观察说明自由放任（Laissez – faire）的监管理念不完全符合事实。第一，个体行为可能是非理性的[①]。第二，即使个体理性，也不意味着集体理性，比如第一章第二节关于短

---

① 一个著名例子是花旗集团前 CEO Charles Prince 在 2007 年 7 月 9 日接受英国金融时报采访时说："当流动性的音乐停止时，情况会变得复杂。但只要音乐还没有停，舞就得跳下去。我们还在跳舞。"（原文是 "When the music stops, in terms of liquidity, things will be complicated. But as long as the music is playing, you've got to get up and dance. We're still dancing。"）当时次贷危机已经初现，Charles Prince 的话表明，一是他已经意识到问题的存在，二是他认为在流动性的"博傻"游戏中自己不会成为接最后一棒的人。从事后花旗集团的情况看，这是典型的过度自信。

期限批发行融资的例子。第三，市场纪律不一定能控制有害的风险承担行为，比如银行薪酬机制如果过于奖励短期财务业绩，会助长高管的过度风险承担行为，鼓励过度投机（谢平、邹传伟，2010）。第四，既大又混业的问题金融机构很难通过市场出清方式解决，第二章第三节所说的对问题机构的处置机制就反映了这种考虑。如果问题机构有支付清算等基础性金融业务，破产可能损害金融系统的基础设施，构成系统性风险。第五，金融创新可能存在重大缺陷，比如信用证券化（见谢平、邹传伟，2010）。第六，金融消费中可能存在欺诈和非理性行为，金融机构可能开发和推销风险过高的产品，消费者可能购买自己根本不理解的产品。

因此，自由放任的金融监管理念不成立，对金融监管的必要性要重新认识。有两种认识方法。第一种是在新古典经济学的分析框架下，引入外部性和信息不对称。第二种是借助行为金融学。

首先看第一种认识方法。在关于监管必要性的一般理论方面，福利经济学认为，外部性、信息不对称和竞争不足造成市场失灵，而政府监管能纠正市场失灵。新制度经济学不同意传统福利经济学的观点，认为自由谈判达成的契约能有效应对外部性，需要政府监管的场合不多。Shleifer（2005，2010）认为，新制度经济学不能解释现实世界中监管的广泛存在，而且契约本身也受到严格监管。Shleifer 的观点是，公共部门通过控制经济行为来追求对社会有益的目标，控制力从低到高有四种手段：市场约束、私人诉讼、政府监管和国有化。四种手段都不完美，各有适用范围。Shleifer 对四种手段的比较是：市场约束不一定能有效控制无秩序的情况，市场参与者可能损害其他人的利益；国有化则走向另一个极端；私人诉讼和政府监管有替代关系。私人诉讼有效的前提是司法体系能廉价、可预测和公正地解决争端。如果司法体系不满足这些条件，政府监管更有效。政府监管通过标准化监管要求，降低争端解决和追责成本，适用于四种情景：（1）有共性的问题反复出现。（2）需要专家知识的复杂领域。（3）争端双方力量不平衡。（4）市场参与者之间信任程度低，支持通过监管限制他人行为。

金融业符合 Shleifer 所说的适于政府监管的四种情景。从金融危机后的情况看，尽管金融监管有成本，但将成本和收益综合起来看，金融监管对经济增长有促进作用。金融监管的成本主要体现为，要保证银行安全和稳健，必须控制信贷过快增长，这会降低 GDP 增速。巴塞尔委员会研究表明（BCBS，2010a，2010b），如果 Basel Ⅲ 资本充足率要求在四年内逐步推进，资本充足率每提高 1%，GDP 水平下降 0.19%，相当于年均 GDP 增长率下降 0.04%。金融监管的收益主要是，控制银行承担的风险，降低发生银行危机的可能性，从而避免银行危机造成的 GDP 损失。BCBS（2010a，2010b）认为，将资本充足率提高 1% 并满足流动性风险监管要求，银行危机的可能性从 20 年一遇下降为 40 年一遇，由此避免的损失为 GDP 的 1.4%。因此，好的金融体系不仅是管理出来的，也是监管出来的。

其次看行为金融学对金融监管必要性的认识。行为金融学研究个体行为的非理性以及市场的非有效性（可参考 Barberis 和 Thaler，2003）。行为金融学一方面引入心理学对认知①和偏好②的研究，说明个体行为不一定满足经济人假设；另一方面研究套利有限使证券

---

① 认知方面的原因包括：过度自信、典型示范偏差（Representativeness）、保守主义偏差（Conservatism）和有限理性（Bounded Rationality）。

② 行为金融学认为新古典经济学对偏好的假设以及冯·诺依曼－摩根斯坦期望效应函数不一定成立，替代理论有前景理论（Prospect Theory）。

价格达不到理性均衡水平①，从而说明有效市场假说不一定成立。

行为金融学对金融监管有如下启示：第一，抑制过度投机，比如引入交易税或托宾税。第二，限制市场准入。因为金融机构和投资者并非完全理性，某些市场或产品只对满足一定条件的金融机构和投资者开放。这里就含有分业经营或部分分业经营的原则。比如，US Treasury（2009a）提出，对场外衍生品市场，要提高对市场参与者的限制，要防止金融机构以不恰当的方式向不成熟的投资者推销场外衍生品。第三，加强对金融创新的监管。对金融创新中的缺陷要及时予以修正。对场外衍生品市场的创新，要提高衍生品合约的标准化程度，使标准化的衍生品通过受监管的中央交易对手进行交易，以提高市场透明度、缓解交易对手风险。第四，增强对金融消费者的保护。第五，对投资者适当性监管。例如某些金融产品的交易必须有足够保证金、要求投资者有一定年限的交易记录以及要求投资者通过简单的交易知识考试等。

总之，本书认为金融监管是金融业的内生变量，有不可替代的必要性。金融业提供了存贷款和支付清算等社会不可缺少的基础便利。但金融机构有内生于效用最大化的贪婪和"动物精神"，会从事高风险业务，特别在期权等业绩激励下。而且在有限责任制下，股东也有承担高风险的动力。这些都会危及金融业的基础功能。但以信息披露和破产机制为代表的市场机制约束不了高风险行为。大银行出问题政府只能救助。存款者比较分散，没动力（比如在存款保险制下）、没能力监督银行风险。即使市场信号能提示风险（比

---

① 套利有限说明"没有免费午餐"不意味着"价格正确"，而这正是有效市场假说的混淆之处。行为金融学对套利有限的研究强调理性的机构投资者面临的委托代理问题。现代金融市场的投资者主要是机构投资者，与资金委托者之间存在委托代理关系。尽管噪声交易者的存在为理性的机构投资者提供了套利机会，但如果机构投资者在长期可盈利的套利策略在短期出现了亏损，资金委托者由于信息不对称可能怀疑机构投资者的投资管理能力不行并因此撤回投资，从而限制了机构投资者进行套利的能力。

如 CDS），存款者关注也不够。存款者一旦"用脚投票"、挤兑，反而会产生系统性风险。以董事会和监事会为代表的公司治理机制也约束不了高管的风险承担行为。外部审计的专业知识不足以完全明白复杂金融工具，约束力也有限。所以，强制性的、以专业知识为基础的、时间持续的金融监管不可或缺，能将自利性商业动机引导到对社会有利的方向。

金融监管对社会有正的价值贡献。鉴于银行业的外部性（见下文），银行必须保留一部分利润作为储备，称为"风险剩余"。风险剩余的形式包括资产损失准备金、资本金、存款保险费和监管费等，也可以通过较低的存款利率、较高的贷款利率由存款者、贷款者分担。风险剩余是社会公共资源，存款者、股东拿不走。政府通过税收拿走后，在银行出问题时也得通过公共资产注资形式返还。金融监管的功能就体现为最小化风险剩余，节约社会资源。

第二节　宏观审慎监管基础理论研究的路径选择

这一节讨论如何从金融监管的一般理论出发研究宏观审慎监管基础理论。本书按图3－1所示逐步缩小路径选择范围，具体说明如下：

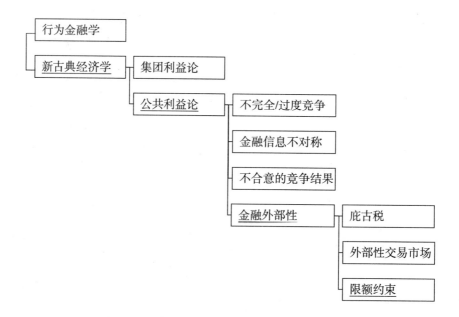

图3－1　宏观审慎监管基础理论研究的路径选择

一、选择新古典经济学的分析方法

尽管行为金融学也支持金融监管的必要性，行为金融学的一些理念和结论被金融监管改革采纳，但目前行为金融学对金融监管改革中一些亟须解答的宏观和微观经济学问题，比如提高资本充足率和流动性风险监管要求的宏观经济影响、逆周期调控措施的有效性、如何监管"大而不倒"金融机构等，还没能提供合适的分析工具，主流分析仍以新古典经济学为基础。行为金融学远不能对金融监管的基础理论和分析框架产生颠覆性影响。因此，本书选择新古典经济学的分析方法。在本书建立的模型中，行为主体均满足"经济人假设"：金融机构最大化利润或股东利益，中央计划者最大化全社会利益。这些基本满足了本书理论分析的需求，不需要引入行为金融学关于个体行为非理性和市场非有效性的假设或设置。

二、选择金融外部性的分析框架

新古典经济学提供的各种金融监管理论，根据 Den Hertog (1999) 和卞志村 (2011) 的综述，主要可分为两类。第一类是"公共利益论"。根据"公共利益论"，金融市场的不完全性、公共产品、自然垄断、信息不对称和外部效应等，使金融市场失灵，导致政府有必要对金融机构和市场体系进行外部监管。"公共利益论"又可细分为四种解释：纠正不完全竞争或过度竞争，控制或内生化金融外部性，应对金融信息不对称，纠正不合意的市场竞争结果。第二类是"集团利益论"，包括监管供求论、监管俘获论、监管寻租论、监管税收论、社会契约论等①。

尽管这两类理论都能解释金融监管的不同方面，但在银行宏观审慎监管的基础理论研究方面，我们认为属于"公共利益论"的金融外部性分析框架最为合适。在这一选择上，我们深受第一章介绍的 Kashyap 和 Stein (2004) 的启发。后文的分析，特别是理论建模部分，将充分显示这一选择带来的便利性。

---

① "集团利益论"并非都支持监管的必要性，比如监管俘获论和监管寻租论。

三、选择针对金融外部性的限额约束作为分析工具

根据 Mas - Colell 等（1995），外部性指的是经济主体的行为可通过价格机制之外的渠道直接影响其他消费者的福利或其他厂商的生产能力。通俗的说法是，外部性指在提供一种产品或服务时，社会成本、社会收益和私人成本、私人收益之间存在偏差，也就是一些经济主体在其生产、消费过程中对其他经济主体产生的附加效用。在外部性为正时，均衡时外部性行为低于社会最优水平；而在外部性为负时，均衡时外部性行为高于社会最优水平。

为使外部性行为达到社会最优水平，可以使用四种方法。第一种方法是限额约束，规定外部性行为的最高水平（针对负外部性的情形）或最低水平（针对正外部性的情形）。第二种方法是对外部性行为主体的庇古税（Pigou，1920），在负外部性时通过征税抑制外部性行为，在正外部性时通过补贴促进外部性行为。第三种方法是利益相关者通过谈判决定外部性行为的数量和补偿机制。Coase（1960）认为在交易成本为零并且产权定义清晰、可执行时，谈判能达到社会最优结果，而且社会最优结果与初始产权分配无关。第四种方法是引入外部性交易市场（Arrow，1970），比如碳排放交易市场和排污权交易市场。外部性交易市场也可以视为一种特殊的谈判机制。根据 Mas - Colell 等（1995），这四种外部性应对方法之间存在等价关系，并且都可以等价表述为中央计划者效用最大化问题，其中在中央计划者的效用函数中外部性被内生化（Internalized）。

在目前的金融监管中，限额约束、庇古税和市场机制均有应用，均可被用来应对金融外部性，分别介绍如下：

一是用限额约束来应对金融外部性。比如 Basel Ⅱ 资本监管的

主要目标是将银行破产概率控制在 0.1% 以下（BCBS，2004）。如果将银行破产视为资本监管针对的负外部性行为，概率控制在 0.1% 以下就是对这种负外部性行为的限额。

二是用庇古税应对金融外部性。代表性措施见第二章第三节对金融机构救助和处置成本分担的讨论。IMF（2010a）在理论上进行了全面阐述，认为征税和监管都能用来约束银行活动产生的负外部性，而且在理想情况下，任何监管能实现的目标都能通过征税来实现。监管是在银行个体层面建立起应对冲击的缓冲资源（在内涵上与我们前面提出的风险剩余类似），征税则是建立起系统层面的缓冲资源。监管可能更适合应对影响力小、不相关的冲击。征税能汇聚不同银行甚至不同时代的资源，更适合应对影响力大、可能性低的冲击。IMF（2010a）提出两个税种。第一个是系统性风险税，等于单个金融机构对金融危机期间系统性损失的边际贡献。第二个是对短期批发性融资征税，税率等于中长期融资和短期融资的成本差。

三是用市场机制应对金融外部性。银行可以向受负外部性影响的社会公众购买生产负外部性的权利，也可以由中央计划者统一出售生产负外部性的权利，然后将所得转移支付给受负外部性影响的社会公众。银行之间也可以建立二级市场以交易生产负外部性的权利，有良好投资机会的银行可以向投资机会不足的银行购买生产负外部性的权利，使生产负外部性的权利在银行之间有效配置。这个市场机制类似碳排放市场的"总量管制和交易"机制（Cap and Trade）。Stein（2011）指出银行之间拆借超额准备金（比如联邦基金市场）就可以视为"总量管制和交易"机制。在他的模型中，银行通过向家庭发行短期和长期债务工具为投资项目融资。因为短期债务（比如存款）能为家庭带来支付便利，融资成本比长期债务低。如果银行不受监管，将发放超过社会最优水平的短期债务。在危机情况下，银行为满足到期的短期债务的偿还要求，不得不减价抛售资产，从而产生负外部性。为应对这种负外部性，监管当局可以为每个银行设定短期债务限额。但如果监管当局对银行拥有的投资机会没有完美信息，限额不能实现资源的最优配置。改进方法是建立"总量管制和交易"机制，授予每个银行一定数量的可交易许可证，每个许可证允许银行发行一定数量的短期债务。银行可根据各自投资机会的好坏以及许可证多寡，在二级市场上调剂许可证头寸。许可证相对不足的银行会向许可证相对过剩的银行买入许可证，提高资源配置效率。许可证的市场价格就向监管当局揭示了银行的投资机会。比如，当许可证的市场价格上升时，说明银行体系有良好投资机会，监管当局应授予更多许可证。"总量管制和交易"机制成立的前提是短期债务与许可证在数量上挂钩，在银行的短期债务受准备金比率约束时，这个前提就能被满足。Stein（2011）指出，银行的存款准备金就相当于许可证，联邦基金利率相当于许可证价格，中央银行发放贴现贷款或公开市场购买就相当于授予许可证。

总的来说，限额约束是目前金融监管的主要形式，而且第五到七章将说明，资本充足率、Basel Ⅲ流动性风险监管工具、存款准备金率等主要微观审慎监管措施均与某种限额约束等价（见表3-2），所以本书选择限额约束作为分析工具，不深入讨论使用庇古税和市场机制应对金融外部性。但鉴于限额约束与庇古税、外部性交易市场之间存在的等价关系，对每种微观或宏观审慎监管工具，都存在一种与之对应的庇古税和外部性交易市场。本书预计在用庇古税和外部性交易市场应对金融外部性方面，会出现很多创新想法。

四、对金融外部性和限额约束相关概念的说明

本书先对金融外部性和限额约束相关概念进行简单说明，第四章将深入讨论三种外部性的作用机制以及相关度量问题。

（一）银行的三种主要外部性

本书研究银行的三种主要外部性。一是信用风险的负外部性。银行破产会通过银行间贷款和衍生品合约等直接金融联系渠道对其他金融机构产生负面影响（Taylor，2009），会使其他业务或风险状况类似的银行更易遭受挤兑。银行破产会危害存贷款和支付清算等基础便利。银行破产还会使银行与企业之间的一些特定信息流失，加大这些企业获得贷款的难度（Brunnermeier 等，2009）。

二是流动性风险的负外部性。如果银行因清偿能力或流动性不足遭到挤兑，与它盈利模式或融资模式类似的银行遭到挤兑的可能性也会增加。银行发生流动性危机后，如果在金融市场上减价抛售资产，会对持有类似资产的金融机构产生负面影响；如果收回拆给其他银行的资金，会影响资金拆入银行的融资流动性，导致流动性争夺（Mishkin，1995）。

三是信贷供给量（主要对货币、物价和经济增长）的外部性。第四章第三节将指出，信贷扩张速度应与经济发展的合理需求相一致。当经济中信贷总量的扩张速度超过经济发展的合理需求时，银行的信贷供给量有负外部性。当经济中信贷总量的扩张速度低于经济发展的合理需求时，银行的信贷供给量有正外部性。

（二）外部性的两个属性

对每种外部性，本书定义两个属性。一是内在规模（Intrinsic Magnitude），为外部性本身的客观特征，在一定模型和假设下可以被准确计量。二是外在影响（External Impact），有主客观两个方面。

在客观方面，是银行的外部性对其他银行和实体经济的影响；在主观方面，是中央计划者效用函数中的一个重要参数（见本章第三节），用来反映中央计划者对外部性的关切或厌恶程度。三种外部性的内在规模和外在影响见表3－1。

表3－1   三种外部性的内在规模和外在影响

外部性	内在规模	外在影响	
		客观方面	主观方面
信用风险	破产概率或违约概率（即 PD，Probability of Default）	在银行破产的条件下，其他银行和实体经济遭受的损失（即 LGD，Loss Given Default）	中央计划者对外部性的关切或厌恶程度
流动性风险	流动性危机概率	在银行发生流动性危机的条件下，其他银行和实体经济遭受的损失	
信贷供给量	信贷供给的总数量	一单位信贷供给对货币、物价和经济增长的影响	

表3－1说明，对信用风险和流动性风险，内在规模用特定事件（即破产和流动性危机）发生的可能性（Likelihood）来刻画；而外在影响是在特定事件发生的条件下，其他银行和实体经济遭受的损失（Severity），是条件期望的概念。对信贷供给量，内在规模直接用信贷供给的总数量来刻画，而外在影响是一单位信贷供给对货币、物价和经济增长的影响。

内在规模和外在影响有两个很大的不同。首先，在一定的模型和假设下，银行的破产概率、流动性危机概率和信贷供给总数量都可以根据银行的资产负债表来计量，即三种外部性的内在规模主要由银行自身行为决定（On a Standalone Basis）。而外在影响在很大程度上取决于银行与其他银行、实体经济之间的相互联系（Interconnectedness）。比如，考虑银行 A 的信用风险，破产概率（内在规模）主要由银行 A 的资产负债表结构决定，但银行 A 破产后银行 B 和银行 C 遭受的损失（外在影响）则取决于银行 B 和银行 C 与银行 A 的业务联系程度，可以非常不一样。这个逻辑对流动性风险也成立。

其次，尽管内在规模的计量一般依赖于一些模型和假设，但在很大程度上是一个客观指标。外在影响则有客观和主观双重特征。外在影响的主观特征非常重要，特别对信用风险和流动性风险。如果只看外在影响的客观方面，在经济衰退期计量出的银行破产或流动性危机的外在影响可能会处于比较高的水平（见第四章）。但中央计划者在制定监管标准时，除了考虑银行破产或流动性危机的外部性，还需考虑银行对实体经济的信贷供给。所以在经济衰退期，中央计划者为了避免信贷紧缩，反而在主观层面会降低对银行信用风险和流动性风险的关切程度。比如，BCBS（2010）就指出，Basel Ⅲ 逆周期资本缓冲的主要目标是在信贷过度扩张后金融系统经受压力时，在不损害银行系统清偿能力的前提下保障信贷供给，防止经济下行时的信贷紧缩。

所以，综合主观和客观两个方面，在其他条件一样的情况下，经济衰退期间的外在影响参数可能低于经济增长期间。第五章将以 Basel Ⅲ 逆周期资本缓冲为例说明这一点。这也是 Kashyap 和 Stein（2004）的银行资本的影子价格概念的核心含义。

（三）限额约束的形式

对三种外部性，外部性的总影响都等于内在规模与外在影响的乘积。

中央计划者的目标是内生化或控制外部性的总影响。在内在规模和外在影响两者中，中央计划者主要通过限额约束来影响前者，而将后者视为一个事先给定的参数（第四章将说明，中央计划者也能影响外在影响）。因此，在本书中，外在影响主要作为外生变量出现（为突出这一点，称为"外在影响参数"），而内在规模是内生变量。

所以，限额约束针对的是内在规模，比如要求银行破产概率不得超过多少、流动性危机概率不得超过多少以及信贷供给总的数量不得超过多少（见表3-2）。至于限额约束设置在什么水平，则由中央计划者的效用最大化问题决定；而外在影响参数则是中央计划者效用函数的重要组成部分。

表3-2   监管限额的概念

外部性	监管工具	限额含义
信用风险	资本充足率	针对破产概率或违约概率的限额。
流动性风险	流动性覆盖比率 LCR 和净稳定融资比率 NSFR	第六章将证明，LCR 或 NSFR 是针对银行流动性危机概率的限额。
信贷供给量	存款准备金率	存款准备金约束是针对银行"可贷资金"规模的限额。

第三节　宏观审慎监管的数学表述以及相对微观审慎监管的福利改进

一、宏观审慎监管的数学表述

我们分四步给出宏观审慎监管的数学表述。第一步，研究中央计划者的效用最大化问题，其中在中央计划者的效用函数中外部性的总影响被内部化。第二步，研究中央计划者如何对银行实施限额约束，使银行行为能最大化中央计划者效用。第三步，研究外在影响参数与监管限额之间的对应关系。第四步，讨论不同机构和不同时点上外在影响参数有差异时，监管限额在机构间的差异性以及在时间上的动态特征。其中，前三步对微观审慎监管也适用，第四步是宏观审慎监管的核心。

需要说明的是，接下来给出的是一个抽象但具有一般性的模型，这个模型对银行的三种主要外部性都适用。第五到七章将在具体语境中重新表述这个模型，并对相关命题进行严格论证。正因为如此，本节的模型是演示性的（Illustrative），我们不对模型中有关函数的特征（比如增减性、凸凹性等）进行技术上的严格设定。另外，本节只研究负外部性的情形，限额约束采取上限形式（Upper Bound），但本节的分析对正外部性和下限约束（Lower Bound）也成立。

（一）中央计划者的效用最大化问题

用向量 X 表示银行行为，用 $\varphi(X)$ 表示银行利润，用 $e(X)$ 表示银行外部性的内在规模，NE 表示外在影响参数。根据前文讨论，外部性的总影响等于 $NE \times e(X)$。

假设中央计划者既关心银行利润，也内部化外部性的总影响，效用函数是 $\varphi(X) - NE \times e(X)$。Kashyap 和 Stein（2004）在研究与资本监管等价的中央计划者效用最大化问题时，将中央计划者的效用函数设定为银行利润减去破产概率与破产的社会成本的乘积。因此，本书对中央计划者效用函数的设置相当于 Kashyap 和 Stein（2004）的推广。

中央计划者的效用最大化问题是：

$$\max_X \varphi(X) - NE \times e(X) \qquad (3-1)$$

对中央计划者而言，合意（desirable）的银行行为 X^* 满足一阶条件：

$$\nabla \varphi(X^*) = NE \times \nabla e(X^*) \qquad (3-2)$$

此时外部性的内在规模为 $e(X^*)$。

（二）限额约束下的银行行为

假设中央计划者对外部性的内在规模实施限额约束 $e(X) \leqslant \bar{e}$，其中 $\bar{e}$ 为监管限额。银行在限额约束下最大化利润：

$$\max_X \varphi(X)$$
$$s.t.\, e(X) \leqslant \bar{e} \qquad (3-3)$$

在一些常见的正则条件下，限额约束下的最优银行行为 X^* 满足（其中 λ 是 Lagrange 算子，$\lambda > 0$）：

$$\nabla \varphi(X^*) = \lambda \times \nabla e(X^*), e(X^*) = \bar{e} \qquad (3-4)$$

限额约束下的银行行为 X^* 能最大化中央计划者效用的条件是公式（3-2）和公式（3-4）同时成立，即

$$\nabla \varphi(X^*) = NE \times \nabla e(X^*), e(X^*) = \bar{e} \qquad (3-5)$$

（三）外在影响参数与监管限额之间的对应关系

公式（3-5）相当于给出了外在影响参数 NE 与监管限额 $\bar{e}$ 之

间的隐函数关系。第五到七章将在三种外部性的具体语境下证明

$$\frac{\partial \bar{e}}{\partial NE} < 0 \qquad (3-6)$$

即 NE 越大，$\bar{e}$ 越小。也就是，在其他条件不变的情况下，外在影响参数越大，监管限额越小，体现为更低的破产概率、流动性危机概率或信贷供给总量。第五到七章还将证明，这等价于更高的资本充足率、更严格的流动性风险监管要求或更高的存款准备金率。

我们用图 $3-2$ 表示外在影响参数与监管限额之间的对应关系。在图 $3-2$ 的上半图中，横轴表示外部性的内在规模，曲线 $O-A$ 表示银行利润（将银行利润表述成内在规模的函数），直线 $O-B_1$ 表示外在影响参数为 NE_1 时的外部性的总影响，直线 $O-B_2$ 表示外在影响参数为 NE_2 时的外部性的总影响，其中 $NE_2 > NE_1$。中央计划者效用最大化问题决定了外部性的内在规模的最优水平（监管限额）。对外在影响参数为 NE_1 的情形，与直线 $O-B_1$ 平行的直线 C_1-D_1，与银行利润曲线 $O-A$ 相切的点 E_1 是监管限额。对外在影响参数为 NE_2 的情形，与直线 $O-B_2$ 平行的直线 C_2-D_2，与银行利润曲线 $O-A$ 相切的点 E_2 是监管限额。因此，随着外在影响参数增大，监管限额将缩小（图 $3-2$ 的下半图）。

（四）外在影响参数在不同机构间和不同时点上有差异时的监管限额

第四章将深入说明如下观点：不同机构和不同时点上外在影响参数有差异。此处不妨将这一点视为给定前提。那么，根据外在影响参数与监管限额之间的对应关系，一个自然的推论是：应该对不同银行以及在不同时点上采取不同的监管限额。以下分跨机构维度和时间维度进行说明。

首先看跨机构维度。某些银行的外在影响可以显著高于其他银行（这就是系统性重要银行的概念）。比如有两个银行，分别用下

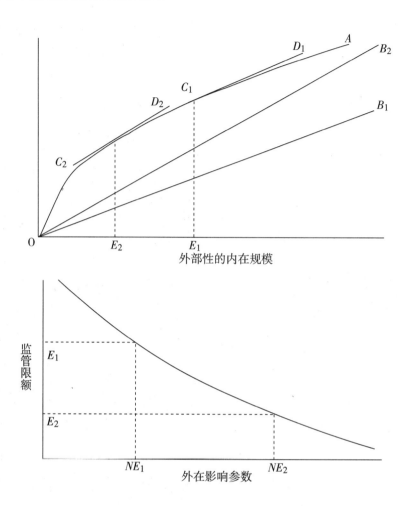

图 3 - 2 外在影响参数与监管限额之间的对应关系

标 b（代表 Big）和 s（代表 Small）表示。银行 b 因为规模更大、业务更复杂、与其他金融机构关联更多或更不可替代，其破产时对其他银行和实体经济造成的损失显著高于银行 s。假设银行 b 和银行 s 的利润函数均为 $\varphi(\cdot)$，外部性的内在规模函数均为 $e(\cdot)$，银行 b 的外在影响为 NE_b，银行 s 的外在影响为 NE_s，并且 $NE_b > NE_s$。根据外在影响参数 NE 与监管限额 $\bar{e}$ 之间的映射关系，与 NE_b 对应的监管限额为 $\bar{e}_b$，与 NE_s 对应的监管限额为 $\bar{e}_s$。根据公式（3 - 6），可知 $\bar{e}_b < \bar{e}_s$。即对不同金融机构应使用不同监管标准，对

系统重要性金融机构要实施更严格的监管约束。

BCBS（2011b）在测算系统重要性银行的附加资本要求时，就提出一种预期影响分析法。鉴于系统重要性银行倒闭的影响高于非系统重要性银行，应提高系统重要性银行的资本要求，让其倒闭的可能性低于非系统重要性银行，使得预期的倒闭影响（等于倒闭可能性乘以倒闭的影响）对系统重要性银行和非系统重要性银行相等。BCBS（2011b）分析方法相当于让 $NE_b \times \overline{e_b} = NE_s \times \overline{e_s}$，本质上与本书遵循了同样的逻辑。

其次看时间维度，中央计划者因为要兼顾宏观经济目标，赋予外部性的权重或主观厌恶程度在经济周期的不同阶段不一样。假设宏观经济有两个状态，g 表示经济上行期（代表 Growth），r 表示经济下行期（代表 Recession）。用 $\varphi(\cdot)$ 表示银行利润函数，用 $e(\cdot)$ 表示外部性的内在规模函数，假设它们在宏观经济的两个状态中有相同形式。用 NE_g 表示中央计划者在经济上行期对银行外部性的关切程度，NE_r 表示中央计划者在经济下行期对银行外部性的关切程度。在经济下行期，中央计划者出于对信贷紧缩造成投资不足的担忧，对外部性的关切程度比经济上行期低，即 $NE_r < NE_g$。根据 NE 与 e 之间的映射关系，与 NE_g 对应的监管限额为 $\overline{e_g}$，与 NE_r 对应的监管限额为 $\overline{e_r}$。根据公式（3-6），可知 $\overline{e_r} > \overline{e_g}$。这就是逆周期监管，即在经济周期的不同阶段使用不同监管标准，在经济上行期应收紧监管约束，而在经济下行期应放松监管约束。

因此，我们认为，宏观审慎监管与微观审慎监管的区别不在监管工具，而在对监管标准的把握上。宏观审慎监管要求监管当局对宏观经济形势以及银行个体差异有充分认识，从而能作出差异化的监管选择，如图3-3所示。

最后，第八章将讨论的金融安全网（主要针对系统重要性金融机构）也是宏观审慎监管体系的重要组成部分。金融安全网措施或

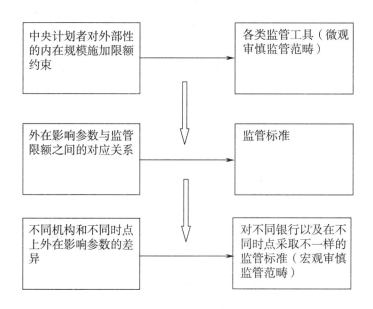

图3-3　宏观审慎监管与微观审慎监管的关系

通常所说的救助措施指在系统重要性金融机构即将或已经发生流动性危机或破产的情况下，政府能采取何种措施来减少流动性危机或破产的可能性和外在影响。我们简单说明如何将金融安全网纳入金融外部性的分析框架，详细分析将在第八章进行。

假设在金融安全网下，政府投入成本 f 救助银行。在政府的救助下，银行负外部的内在规模是 $e(X,f)$（主要指流动性危机或破产的概率），外在影响是 $NE(f)$（主要指流动性危机或破产对其他银行和实体经济造成的损失）。第八章结合案例实证和金融工程方法分析了各种金融安全网措施的成本以及对金融机构流动性风险和信用风险的影响，提出安全网措施可以分成两类。第一类是在金融机构持续经营条件下降低流动性危机或破产的概率，并且政府投入成本越高，概率降低得越多，即 $\frac{\partial e}{\partial f} < 0$。第二类是在金融机构非持续经营条件下降低流动性危机或破产的外在影响，并且政府投入成本越高，外在影响降低越多，即 $\frac{\partial NE}{\partial f} < 0$。第八章还将讨论金融安全网

和资本质量在宏观审慎监管功能上的等价关系。

二、宏观审慎监管相对微观审慎监管的福利改进

前文在单个银行层面给出了宏观审慎监管的数学表述，接下来以银行体系为考察对象，论证宏观审慎监管相对微观审慎监管的福利改进。

假设银行体系由 N 家银行组成，用下标 $i = 1, 2, \cdots, N$ 来标志各银行。考察一个 T 期模型，用 $t = 1, 2, \cdots, T$ 标志各时点。对第 i 家银行，在 t 时点，引入如下记号（对其他银行和其他时点类似）：$X_{i,t}$ 表示该银行的行为，$\varphi_{i,t}(X_{i,t})$ 表示利润函数，$e_{i,t}(X_{i,t})$ 表示外部性的内在规模函数，$NE_{i,t}^j$ 表示该银行对第 j 家银行的外在影响（j 从 0 到 N），其中 $NE_{i,t}^0$ 表示该银行对实体经济的外在影响。

为简便起见，引入三个假设：（1）对同一家银行不存在跨期约束。（2）银行的外部性的内在规模函数不受其他银行的行为的影响。（3）银行对其他银行和实体经济的外在影响参数不受各银行行为的影响。实际上，如果放宽这三个假设，以下分析的逻辑仍成立。

假设中央计划者综合考虑银行体系创造的利润以及外部性的总影响，效用函数为

$$\sum_{t=1}^{T} \sum_{i=1}^{N} \left[\varphi_{i,t}(X_{i,t}) - NE_{i,t} \times e_{i,t}(X_{i,t}) \right] \qquad (3-7)$$

其中，$NE_{i,t} = \sum_{j=0}^{N} NE_{i,t}^j$ 表示第 i 家银行在 t 时点对银行体系和实体经济的外在影响之和。

定义监管机制为在每个时点上对每家银行引入的监管限额的集合：

$$\{\overline{e}_{i,t}: i = 1,2,\cdots,N, t = 1,2,\cdots,T\} \qquad (3-8)$$

其中，$\overline{e}_{i,t}$ 是在 t 时点上对第 i 家银行的监管限额。这里面实际隐含着风险预算（Risk Budgeting）的理念，将金融监管视为在不同时点上，给不同银行分配可支配的风险限额。

我们用如下方法衡量监管机制的福利效果，分两步进行。第一步，求出在每个时点上每家银行在监管约束下的最优行为 $X_{i,t}^{*}$，由以下带约束条件的最优问题决定：

$$\max_{X_{i,t}} \quad \varphi_{i,t}(X_{i,t})$$
$$\text{s. t.} \quad e_{i,t}(X_{i,t}) \leqslant \overline{e}_{i,t} \qquad (3-9)$$

第二步，将最优银行行为 $\{X_{i,t}^{*}: i = 1,2,\cdots,N, t = 1,2,\cdots,T\}$ 代入公式（3-7）给出的中央计划者效用函数，即为监管机制的福利效果。

为简便起见，假设函数 $\varphi_{i,t}(\cdot)$ 与 $e_{i,t}(\cdot)$ 之间存在关系：$\varphi_{i,t} = h_{i,t}(e_{i,t})$，并且 $h_{i,t}$ 为单调递增的凹函数。这样，对监管机制 $\{\overline{e}_{i,t}: i = 1,2,\cdots,N, t = 1,2,\cdots,T\}$，其约束下的银行最优行为 $\{X_{i,t}^{*}: i = 1, 2,\cdots,N, t = 1,2,\cdots,T\}$ 均满足

$$e_{i,t}(X_{i,t}^{*}) = \overline{e}_{i,t}, i = 1,2,\cdots,N, t = 1,2,\cdots,T$$

此时中央计划者的效用函数是

$$\sum_{t=1}^{T}\sum_{i=1}^{N}\left[h_{i,t}(\overline{e}_{i,t}) - NE_{i,t} \cdot \overline{e}_{i,t}\right] \qquad (3-10)$$

在宏观审慎监管下，每个时点上对每家银行设定监管限额无须满足任何先验约束（Prior Constraints），完全由中央计划者的效用最大化问题决定。一阶条件是

$$h_{i,t}'(\overline{e}_{i,t}^{*}) = NE_{i,t} \qquad (3-11)$$

而在微观审慎监管下，每个时点上对每家银行设定监管限额要满足一些先验约束。这些先验约束体现了微观审慎监管是从单个银

行的层面看风险。典型的比如 Basel Ⅱ 下，各银行在经济周期的不同阶段均要 8% 的最低资本充足率要求。第五章将指出，这相当于限定银行的破产概率均低于 0.1%，也就是使用固定不变的监管限额。这种情况对应着 $\bar{e}_{i,t} = \bar{e}, i = 1, 2, \cdots, N, t = 1, 2, \cdots, T$。此时中央计划者的效用等于

$$\sum_{t=1}^{T} \sum_{i=1}^{N} \left[h_{i,t}(\bar{e}) - NE_{i,t} \times \bar{e} \right]$$

根据泰勒展开，有如下近似关系（保留到二阶项）：

$$h_{i,t}(\bar{e}) - NE_{i,t} \times \bar{e} \approx h_{i,t}(\bar{e}_{i,t}^*) - NE_{i,t} \times \bar{e}_{i,t}^* + \frac{1}{2} h_{i,t}''(\bar{e}_{i,t}^*)(\bar{e} - \bar{e}_{i,t}^*)^2$$

注意到 $h_{i,t}$ 的二阶导数为负，因此中央计划者在宏观审慎监管下的效用比微观审慎监管下要高出：

$$- \sum_{t=1}^{T} \sum_{i=1}^{N} \frac{1}{2} h_{i,t}''(\bar{e}_{i,t}^*)(\bar{e} - \bar{e}_{i,t}^*)^2 \qquad (3-12)$$

公式（3-12）就是宏观审慎监管相对微观审慎监管的福利改进，或者说是微观审慎监管相对宏观审慎监管的福利损失。注意到在公式（3-12）中，$\bar{e}$ 取 $\dfrac{\sum\limits_{t=1}^{T} \sum\limits_{i=1}^{N} h_{i,t}'' \bar{e}_{i,t}^*}{\sum\limits_{t=1}^{T} \sum\limits_{i=1}^{N} h_{i,t}''}$ 时，微观审慎监管的福利损失最小，但仍大于 0，这部分福利损失就是由先验约束引起（Welfare Loss Due to Prior Constraints）。

第四节　小结以及需要进一步研究的五个问题

这一章论证了金融监管的必要性，提出从金融外部性的分析框架研究银行宏观审慎监管的基础理论。本章重点关注银行的三种主要外部性：信用风险的外部性、流动性风险的外部性以及信贷供给量（主要对货币、物价和经济增长）的外部性，引入了外部性的两个属性——内在规模和外在影响，使用一个抽象但具有一般性的模型分四步给出宏观审慎监管的数学表述，并证明了宏观审慎监管相对微观审慎监管的福利改进。在这个过程中，我们说明了宏观审慎监管和微观审慎监管的区别不在于监管工具，而在对监管标准的把握。

目前完成的工作，好比写剧本搭好了主体框架，接下来要填入具体内容才能使剧本有声有色。在以后各章，需要进一步研究五个问题。

首先，在具体语境中说明信用风险的外部性、流动性风险的外部性以及信贷供给量的外部性的作用机制以及内在规模和外在影响的度量方法，特别是说明不同机构以及不同时点上外在影响的差异。这构成第四章的研究内容。

其次，在三种外部性的具体语境中讨论相应的宏观审慎监管工具，并评估可能的效果。这构成第五到七章研究的内容。

最后，使用金融外部性的分析框架，结合实际案例，分析金融安全网和资本质量的宏观审慎监管功能，并讨论两者之间的等价关系。这构成第八章的研究内容。

中国金融四十人·青年书系
CHINA FINANCE 40 FORUM–YOUTH ECONOMIST BOOKS

第四章

从宏观审慎监管视角看银行的
三种外部性

这一章从宏观审慎监管视角分析银行的三种主要外部性：信用风险的外部性、流动性风险的外部性以及信贷供给量的外部性，讨论了三种外部性的作用机制以及内在规模和外在影响的度量方法，特别指出了不同机构以及不同时点上外在影响的差异。

本章与系统性风险研究文献有紧密联系。本章站在单个银行角度分析破产、流动性危机以及信贷供给量对其他银行和实体经济的外部性。如果在此基础上加入银行之间以及银行体系与实体经济之间的相互作用和动态反馈，实际上就是研究系统性风险的内涵、起源、表现形式和计量方法。因此，我们对银行宏观审慎监管基础理论的研究，没有绕开系统性风险这个基础概念。而是因为系统性风险有多种起源、传导渠道和表现形式，很难被明确界定、准确计量，所以我们把系统性风险"化整为零"，在单个银行层面分别研究三种外部性的作用机制、内在规模和外在影响。其中，对外在影响的度量就相当于评估银行对系统性风险的贡献，本章将综述的外在影响度量方法（包括网络模型、CoVaR 和 IMF 的流动性缺口估计方法）就是目前在系统性风险计量方面最成熟的方法。

本章共分四节。第一节从宏观审慎监管视角看信用风险的外部性，第二节从宏观审慎监管视角看流动性风险的外部性，第三节从宏观审慎视角看信贷供给的外部性，第四节为小结。

本章的贡献主要体现在第一节，是通过研究信息不对称下银行的风险承担行为和套利行为，揭示银行间相互关联如何通过银行间债权融资而形成，并分析在此过程中信用风险如何被聚集、放大和传导。其余各节基本以整理和综述现有研究为主。

第一节　从宏观审慎监管
视角看信用风险的外部性

一、作用机制

银行破产会通过四个渠道对其他银行和实体经济产生外部性。第一个渠道是银行之间有直接金融联系时（包括银行间贷款和衍生品合约），银行破产后债权银行的利益会受损，另外银行破产也会使存款者无法全额收回存款本息。第二个渠道是信息传染（Information Contagion）。在银行之间不存在直接金融联系时，因为业务或风险状况类似，一家银行倒闭使另一家银行的存款人和交易对手怀疑他们的银行的偿债能力，于是开始对另一家银行的挤兑。经典分析见 Diamond 和 Dybvig（1983）。第三个渠道是银行破产损害了存贷款和支付清算等金融基础设施，会影响资金融通效率。第四个渠道是对银行的借款人而言，银行破产会使银行与企业之间的一些特定信息流失，加大这些企业获得贷款的难度。

这四个渠道中，第一个渠道也是系统性风险在银行间传导的一个重要渠道，在关于银行系统重要性计量的文献中受到了很多关注。但大多数文献把银行间直接的金融联系视为前提条件，不讨论为什么这种联系在银行间如此普遍，而在实体企业间则很少出现。Allen 和 Gale（2000）的解释是，银行出于流动性管理需要，会在相互之间拆借资金，从而形成直接金融联系。我们提出了另一种解释，通过研究信息不对称下银行的风险承担行为和套利行为，揭示银行间相互关联如何通过银行间债权融资而形成，并分析在此过程中信用风险如何被聚集、放大和传导。

我们主要受两类事实启发。一是场外衍生品市场的"背对背"（Back to Back）交易。在场外衍生品市场上，银行往往与两个交易对手进行方向相反的两笔交易，承担一定交易对手风险，获取价差收入，但不承担股价、利率、汇率或大宗商品价格变动产生的市场风险。在"背对背"交易链条中，市场风险被逐步转移，一直到某些愿意承担市场风险的金融机构。二是金融机构在风险承担上存在层级关系（A Hierarchy of Risk Taking），资金往往从风险承担能力低的金融机构流向风险承担能力高的。比如，散户投资者申购了安全性与存款相近的货币市场基金，然后货币市场基金购买投资银行发行的短期票据，投资银行再将融得的资金用于高风险自营交易。若将金融部门作为一个整体看，资金最终会流向某些风险承担能力高的金融机构。这些金融机构将资金用于金融系统外的投资，比如向实体经济部门发放贷款、在一级市场上购买实体经济部门发行的股票和债券等。如果这些金融机构因投资亏损而破产，向其提供资金的金融机构会逐级受到负面影响。

（一）模型设置

假设有若干家银行，记为 $i = 0,1,2,\cdots$，这些银行均为风险中性，均未使用杠杆。假设无风险利率等于 0。考虑一个两期模型，第一期各银行资本为

$$c_0 = 1; c_i = 2^{i-1}, i \geq 1 \qquad (4-1)$$

各银行有一或两个投资项目：银行 0 只有一个项目，记为 INV_0；银行 $i \geq 1$ 有两个项目，记为 $INV_{i,1}$ 和 $INV_{i,2}$。所有项目均在第一期投产，在第二期产出。各项目所需投资为（为简便起见，用项目编号表示项目投资）

$$INV_0 = 2; INV_{i,1} = 2^i, INV_{i,2} = 2^{i+1}, i \geq 1 \qquad (4-2)$$

假设各项目的期望毛回报率均为 $\mu > 1$，但失败概率不一样，而属于同一银行的两个项目 $INV_{i,1}$ 和 $INV_{i,2}$ 的失败概率一样。记银行 i 的项目的失败概率为 PD_i，失败时毛回报率为 0，成功概率为 $1 - PD_i$，成功时毛回报率为 $\dfrac{\mu}{1 - PD_i}$。

假设 $PD_i, i \geqslant 0$ 独立同分布于 $[0,1]$ 上的均匀分布，并且此分布为共同知识。假设银行之间存在信息不对称：银行 i 知道自己失败概率 PD_i 的具体取值，但认为另一银行 j 的失败概率 PD_j 服从 $[0,1]$ 上均匀分布。

以上模型设置说明，第一期各银行资本均小于项目所需投资：

$$c_0 < INV_0 \text{ 并且 } c_i < INV_{i,1} < INV_{i,2}, i \geqslant 1 \qquad (4-3)$$

但如果汇集各银行资本，所有项目均能被实施：

$$c_0 + c_1 = INV_0 \text{ 并且 } \sum_{j=0}^{i} c_j = INV_{i,1}, \sum_{j=0}^{i+1} c_j = INV_{i,2}, i \geqslant 1$$

$$(4-4)$$

假设银行为获得项目所需投资，进行两两之间债权融资，债权融资的方向和利率根据如下形式的竞标决定（称为债权融资竞标）。比如，甲银行和乙银行均有 a 元，第一期两者就利率进行竞标，约定价高者得。若甲出了较高利率 r，则甲向乙融资 a 元，并承诺第二期偿还乙本息金共 $a(1+r)$ 元，乙出较高利率的情形类似。

用 $Debt_{i-1,i}$ 表示银行 $i-1$ 和银行 i 之间的债权融资竞标，本金为 2^{i-1} 元。假设银行 $i-1$ 竞标成功后将所得资金用于项目 $INV_{i-1,2}$，而银行 i 竞标成功后所得资金有两种用途：要么用于项目 $INV_{i,1}$，要么用于参加与银行 $i+1$ 的债权融资竞标 $Debt_{i,i+1}$。我们称银行 i 的后一种行为是"套利行为"。

因此，$Debt_{i,i+1}$ 被组织的前提是：$Debt_{0,1}, \cdots, Debt_{i-1,i}$ 被组织，且 $Debt_{i-1,i}$ 中银行 i 竞标成功。

（二）银行间相互关联的形成

此处借鉴了 Klonner（2006）对标会（Bidding ROSCAs）的研究。考虑代表性债权融资竞标：银行 i 和银行 j 的资本均为 s 元，两银行均有一个投资项目，项目所需投资均为 $2s$ 元，项目的期望毛回报率均为 μ，银行 i 的失败概率为 PD_i，银行 j 的失败概率为 PD_j，债权融资竞标的本金为 s 元。定理 4-1 证明了，债权融资竞标存在对称贝叶斯纳什均衡。

定理 4-1　对失败概率为 p 的银行，用 $r(p)$ 表示其竞标策略，用 $\pi(s,p)$ 表示第二期期望收益。债权融资竞标存在对称贝叶斯纳什均衡：

（1）竞标策略为 $r(p) = \dfrac{2\mu}{p^2}\displaystyle\int_0^p \dfrac{x}{1-x}dx - 1$，且满足 $r(p) \leqslant \dfrac{\mu}{1-p}$ -1 和 $r'(p) \geqslant 0$；

（2）$\pi(s,p) = sp\{2\mu - (1-p)[1+r(p)]\} + s(1-p)E\{(1-X)[1+r(X)] \mid X > p\}$

定理 4-1 给出了债权融资竞标实现对称贝叶斯纳什均衡的竞标策略，该策略 $r(p)$ 是失败概率的单调递增函数，因此失败概率高或高风险的银行竞标成功，即债权融资竞标将资金优先配置给高风险者。

定理 4-2　银行参加与上一家银行的债权融资竞标的条件（称为"参与约束"）：

$$\alpha(p) = p\{2\mu - (1-p)[1+r(p)]\}$$
$$+ (1-p)E\{(1-X)[1+r(X)] \mid X > p\} \geqslant 1$$

在竞标成功的条件下再参加与下一家银行的债权融资竞标的条件是（称为"套利约束"）：

$$\beta(p) = p\{4\mu - 3(1-p)[1+r(p)]\}$$
$$+ (1-p)E\{(1-X)[1+2r(X)-r(p)] \mid X > p\}$$

$$-2\mu + (1-p)[1+r(p)] \geqslant 0$$

而且银行参与套利会损害上一家银行的利益。

附录引理 4-2 说明，$\alpha(p)$ 严格单调递增，且 $\alpha(1) = 2\mu > 1$，因此 PD 只有超过一定限度才满足参与约束，即只有风险较高的银行才选择参与债权融资竞标。$\beta(p)$ 的特征比较复杂，但 $\beta(1) = 2\mu > 0$，因此 PD 接近 1 的那部分风险最高的银行会参与套利。在不影响讨论的前提下，暂不对 $\beta(p)$ 的特征做过多技术分析。

（三）信用风险的聚集、放大和传导机制

取决于组成的债权融资竞标数量，模型存在多种均衡。比如，n 个债权融资竞标 $Debt_{i-1,i}, i = 1, \cdots, n$ 构成模型均衡的条件是：银行 0 满足参与约束，银行 1 至银行 $n-1$ 满足参与约束和套利约束，银行 n 满足参与约束，并且银行 n 不满足套利约束或银行 $n+1$ 不满足参与约束。

此时，银行 0 至银行 n 这 $n+1$ 家银行的资本被汇聚起来，由 $Debt_{n-1,n}$ 的竞标成功者进行项目投资。而其他银行（银行 0 除外）都参加了两个债权融资，是套利者。套利活动一方面使更多的资金被聚集，另一方面 $Debt_{0,1}, \cdots, Debt_{n-1,n}$ 的违约风险满足

$$PD_1 < PD_2 < \cdots < PD_{n-1} \leqslant \max(PD_{n-1}, PD_n) \qquad (4-5)$$

利率满足

$$r(PD_1) < r(PD_2) < \cdots < r(PD_{n-1}) \leqslant r[\max(PD_{n-1}, PD_n)]$$

$$(4-6)$$

因此套利抬高了债权融资利率，放大了违约风险。即有定理 4-3。

定理 4-3 若有 n 个债权融资竞标 $Debt_{i-1,i}, i = 1, \cdots, n$ 被组织，则 $Debt_{0,1}, \cdots, Debt_{n-1,n}$ 的违约风险和利率依次上升。

接下来看信用风险影响的传导机制。若 $Debt_{n-1,n}$ 的竞标成功者因投资失败而无法在第二期时偿付债务，$Debt_{n-1,n}$ 将发生违约并引发连锁反应，致使 $Debt_{n-2,n-1}, \cdots, Debt_{0,1}$ 依次发生违约。这说明，套利

产生了违约相关性（Default Correlation）。注意到 $Debt_{n-1,n}$ 的违约概率

$$\max(PD_{n-1}, PD_n) = \max(PD_0, PD_1, \cdots, PD_n) \qquad (4-7)$$

即 $Debt_{n-1,n}$ 的竞标成功者在银行0至银行 n 这 $n+1$ 家银行中，违约风险最高。因此，多个债权融资竞标被组织时，违约风险系于一个银行，而且是风险最高的银行。因此，套利存在信用风险聚集（Risk Accumulation）和放大（Risk Amplification）效应，如图4-1（以 $n=5$ 为例说明）。

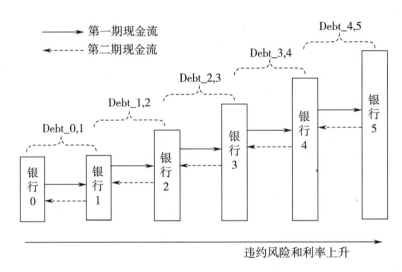

图4-1　银行间相互关联与系统性信用风险

记 n 个债权融资竞标 $Debt_{i-1,i}, i = 1, \cdots, n$ 发生系统性违约的概率为 $SPD_n = \max(PD_0, PD_1, \cdots, PD_n)$，定理4-4说明当套利进行到足够多次时，只有风险最高者才会参加，此时系统性违约概率逼近理论上限。

定理4-4　$\lim\limits_{n \to \infty} E(SPD_n) = 1$。

用一个数值例子说明银行间相互关联与系统性信用风险之间的关系。假设参与约束和套利约束均为 $PD \in [1-\lambda, 1]$，即风险前 λ 高的银行选择参加债权融资竞标，且竞标成功后均选择与下一家银

行再进行竞标。用债权融资竞标数量刻画银行间相互关联程度（Level of Interconnectedness）。债权融资竞标数量为 0 的条件是 PD_0 和 PD_1 中至少有一个不在 $[1-\lambda,1]$ 中，概率为 $1-\lambda^2$，此时不存在系统性风险。组成 n 个债权融资竞标的条件是 PD_0 至 PD_n 均在 $[1-\lambda,1]$ 中，但 PD_{n+1} 不在 $[1-\lambda,1]$ 中，概率为 $\lambda^{n+1}(1-\lambda)$。此时系统性违约概率为 $SPD_n = \max(PD_0,PD_1,\cdots,PD_n)$。根据引理 4-3，得

$$E(SPD_n) = 1 - \frac{\lambda}{n+2} \qquad (4-8)$$

系统性信用风险发生时，银行 0 至银行 n 的资本均损失，共损失 2^n，这刻画系统性信用风险的严重程度（Severity of Systemic Risk）。表 4-1 是一个具体例子，其中 λ 取为 40%。可以看出两点：一是银行间相互关联程度越高，可能造成的系统性信用风险越严重；二是系统性信用风险具有"小概率，高损失"特征。

表 4-1　　　　　系统性信用风险的数值例子

相互关联程度		系统性信用风险	
程度	发生概率（%）	系统性违约概率（%）	严重程度
0	84.00	NA	NA
1	9.60	86.67	2
2	3.84	90.00	4
3	1.54	92.00	8
4	0.61	93.33	16
5	0.25	94.29	32
6	0.10	95.00	64
7	0.04	95.56	128
8	0.02	96.00	256
9	0.01	96.36	512
10	0.00	96.67	1024

二、内在规模的度量方法

表3-1已经指出，银行信用风险的内在规模用破产概率或违约概率来衡量。这方面有大量研究，主要有三种度量方法。

第一种方法是信用评级机构的方法，是根据银行的资本充足率、资产质量、流动性状况和盈利能力等基本面信息以及历史违约统计，使用定量和定性相结合的方法，给出银行的信用评级，而信用评级与破产概率之间存在对应关系（见表4-2）。

表4-2　　　　　Moody's 评级与破产概率之间的关系

Moody's 评级	未来一年破产概率（%）
Aaa	0
Aa	0.066
A	0.075
Baa	0.280
Ba	1.332
B	3.885
Caa - C	13.153
投资级	0.143
投机级	3.561
总体平均	1.398

注：此表引自 Moody's（2010），为1920—2008 年历史统计平均。

第二种方法是默顿模型（见图4-2），是将银行股票看成以银行资产为标的、以银行债务为行权价的看涨期权，先从股价中推导出银行资产的市场价值和波动率，再计算银行资不抵债（也就是破产）的概率。这是罗伯特·默顿诺贝尔经济学奖论文的思想，穆迪公司的 KMV 模型将其商业化，第五章将介绍的渐进单因子风险模型也遵循了类似逻辑。

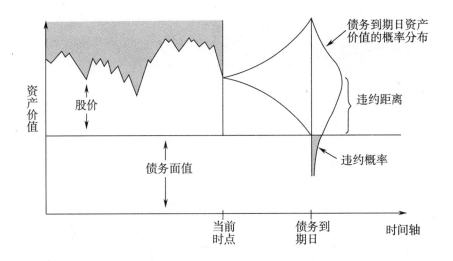

资料来源：Duffie 和 Singleton，2003.

图 4 - 2　默顿模型

第三种方法是通过 CDS 市场来揭示。CDS 本质上相当于对一个或多个机构（称为标的机构）债务的信用风险的保险。一笔 CDS 交易中有两个参与者，一方为保护权买方，另一方为保护权卖方。保护权买方定期向保护权卖方支付固定费用（称为 CDS 价差）。作为对价，如果 CDS 到期前标的机构发生了拒付或重组债务等事件（称为信用事件），保护权卖方有义务赔偿保护权买方的损失。根据 CDS 定价理论，CDS 价差等于标的机构债务违约的预期损失，近似关系是：

$$CDS\ 价差 \approx 违约概率 \times (1 - 违约后债务的回收率)$$

因此，在其他条件一样的情况下，CDS 价差越高，标的机构的破产概率越高。

以银行为标的机构的 CDS 交易非常活跃，可以动态和灵敏地揭示银行的破产概率。比如图 4 - 3 中花旗集团的例子，从 2008 年 9 月到 2009 年 8 月，花旗集团的 5 年 CDS 价差处于非常高的水平，说明市场认为花旗的破产概率较高，这与当时花旗集团的经营状况非常吻合。

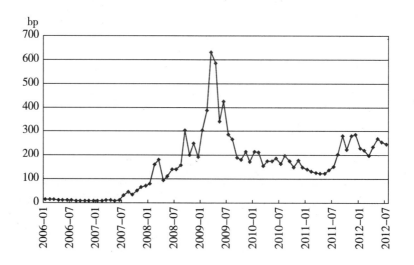

资料来源：Bloomberg.

图4-3 花旗集团的5年CDS价差

三、外在影响的度量方法

第一种度量方法是结构化方法，是通过分析单个银行的风险敞口、银行之间通过股权或债权的联系以及对同一类风险因子（比如国家、行业、业务等）的敞口，评估信用风险造成的资本损失，识别风险传染路径。

结构化方法的代表是网络模型，其基础是银行间敞口的方向和规模，分两步进行。第一步是梳理银行间双边敞口数据。一般情况下，银行只会披露对其他银行的资产总和以及负债总和，而不会披露这些资产和负债在不同银行间如何分布。要估计银行间双边敞口，本质上相当于根据矩阵的各行元素之和以及各列元素之和估计矩阵的各个元素。一般使用来自信息论的最大熵估计方法，信息即负熵，最大熵即引入最少附加信息。第二步是通过压力测试和情景分析，研究不同的资本冲击或流动性冲击在银行间如何传导以及对银行体系造成的损失，特别是考虑多轮传染效应。网络模型在各国大量应用，IMF（2009）推荐的四种系统重要性计量方法中第一种就是网络模型。但网络模型存在三个缺陷。第一个缺陷是网络模型只针对银行之间直接金融联系这一风险传导渠道，不能考虑银行在资产方持有相近头寸这一非直接的风险传导渠道。第二个缺陷是网络模型使用的银行间敞口数据可靠性不高。第三个缺陷是网络模型使用的压力测试和情景分析本质上是一种静态方法，很难刻画银行对各种资本或流动性冲击的动态反应，很大程度上将银行作为各种冲击的被动接受者。

第二种度量方法是简约化方法，其基础是市场信息有效。简约化方法不探讨系统性风险的产生和传导机制，而是从市场数据中推导出市场对单个金融机构破产风险和相互关联程度的看法。简约化方法可以涵盖直接和非直接金融联系两个风险传导渠道，而且市场数据更新快，能动态反映系统性风险变化，能与结构化方法形成有益补充，特别在监管当局无法充分及时地掌握金融机构的风险敞口信息时。在实际应用中，简约化方法多使用 CDS 价差数据。谢平、邹传伟（2011）讨论了为什么 CDS 在揭示信用信息上有不可替代的功能，从而能用在系统重要性监测中。

简约化方法的代表是 Adrian 和 Brunnermeier（2011）提出的 Co-VaR 方法。他们计算在某金融机构的资产市值处于较低水平时其他金融机构或金融系统的资产市值是多少，以此来刻画该金融机构对其他金融机构或金融系统的负面影响。IMF（2009）将 CoVaR 方法进行了两个推广，都使用 CDS 数据。一是 Co – Risk 模型，用分位数回归来估计当甲机构的 CDS 价差处于较高水平时乙机构的 CDS 价差为多少，以评估两机构之间的相互关联程度。二是困境相关矩阵（Distress Dependence Matrix），使用多家金融机构的 CDS 价差数据，先估计这些金融机构违约的联合概率分布，再计算在甲机构违约的条件下乙机构违约的概率是多少。IMF（2010b）在讨论系统性风险税时提出了风险预算方法，单个金融机构对系统性风险的贡献等于除它之外的金融系统的风险价值在它破产情景下相对它不破产情景的增量，本质上就是 CoVaR 方法。

图4-4 就是 Adrian 和 Brunnermeier（2011）用 CoVaR 对美国银行、富国银行、花旗集团和摩根大通的估计结果。可以看出，不同时点上、不同银行的 CoVaR 估计结果（也就是银行破产的外在影响）不一样。

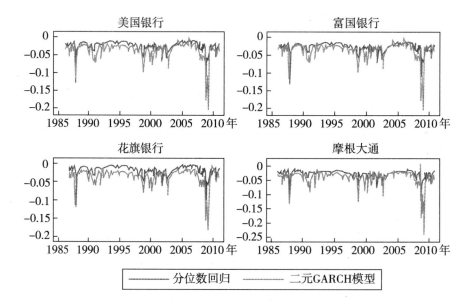

资料来源：Adrian 和 Brunnermeier，2011.

图 4 - 4　CoVaR 应用的实际例子

第二节　从宏观审慎监管视角看流动性风险的外部性

当银行无法及时获得充足资金或无法以合理成本及时获得充足资金以应对资产增长或支付到期债务时，就会发生流动性风险。银行流动性风险通过三个渠道对其他银行和实体经济产生外部性。第一个渠道仍是信息传染。一家银行出现流动性风险使另一家银行的存款人和交易对手怀疑他们的银行的流动性状况，于是开始对另一家银行的挤兑。

第二个渠道是减价抛售。一家银行出现流动性风险时，会通过出售资产来回收现金以满足流动性需求。短时间内大规模出售资产会使资产价格下跌。在公允价值会计下，持有类似资产的银行会受损。极端情况下，会出现"资产价格下跌→引发抛售→资产价格进一步下跌"的恶性循环。对减价抛售的分析可见 Shleifer 和 Vishny（2011）。

第三个渠道是流动性争夺。Mishkin（1995）指出，如果某家银行面临挤兑或害怕近期发生挤兑，它需要超额储备以避免与存款外流预期相联系的成本费用。为了在银行恐慌期间增加储备，银行将收回拆给其他银行的资金。流动性争夺将导致其他银行发生存款外流，发生多倍存款收缩，结果其他银行更可能发生流动性风险或倒闭。Allen 和 Gale（2000）延续了 Diamond 和 Dybvig（1983）的角度，从流动性偏好冲击角度对金融传染作了均衡分析。他们假设不同地区存款者的流动性偏好冲击不完全相关，银行可以通过建立银行间存款市场、持有对其他地区银行的债权来应对流动性偏好冲击。他们证明了，如果没有总体层面的不确定性，银行间存款市场能实现最优风险配置，但这在金融上是脆弱的。一个地区受到的小流动性偏好冲击可能传染到其他地区，传染可能性在很大程度上取决于跨地区债权结构。

流动性风险概率的计量目前发展得还不成熟，第六章将深入讨论这一问题并给出我们的解决方案。问题的核心是市场流动性（资产方流动性）和融资流动性（负债方流动性）之间的匹配关系。在其他条件一样的情况下，市场流动性或融资流动性越差，流动性风险概率越高。

市场流动性是资产变现的能力，由二级市场的交易量、买卖价差（Bid Ask Spread）等因素决定。比如，图 4 - 5 用交易量刻画了 Leveraged Loan 市场（即银团贷款的转让和交易市场）的流动性。该市场在 2007 年中流动性非常好，从 2008 年底到 2009 年初流动性急剧萎缩。

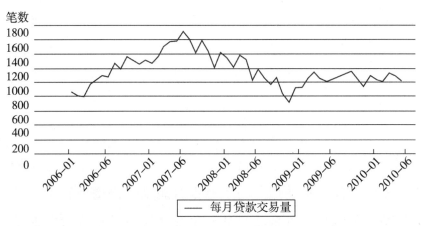

资料来源：Invesco.

图 4 - 5 Leveraged Loan 市场流动性

融资流动性指银行对外融资（主要在银行间市场）的能力，一般用银行间市场融资利率来刻画。比如，图 4 - 6 给出了美元 TED 利差（等于 3 月期美元 Libor 利率与 3 月期美国国债收益率之差）。在 2008 年 9 月，TED 利差接近 350bp，银行间市场几近冻结。

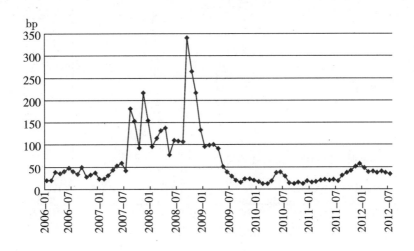

资料来源：Bloomberg.

图 4 - 6　美元 TED 利差

在流动性风险的外在影响方面，IMF（2011）提出了一个计量方法。该方法从净稳定融资比率（NSFR）的概念出发（见第二章的介绍），认为当可用的稳定资金（Available Stable Funding, ASF）低于业务所需的稳定资金（Required Stable Funding, RSF）时，银行就会发生流动性风险，而此时 ASF 低于 RSF 的部分（称为流动性缺口）就能用来刻画流动性风险的外在影响。在 IMF（2011）的方法中，ASF 和 RSF 不是用会计价值，而是结合银行的资产负债表和股价等市场信息，按与默顿模型类似的方法，估计了 ASF 和 RSF 的市场价值。图 4 - 7 是 IMF 使用该方法对美国的一家代表性银行的测算结果（其中虚线为 NSFR，实线为流动性缺口）。

图 4 - 7 说明，即使对同一家银行，流动性风险的外在影响在不同时点也是不一样的。IMF（2011）指出，出现这种情况的原因是流动性风险的各组成部分随时间变化。IMF（2011）还指出，在同一时点上，不同银行流动性风险的外在影响也不相同，其中系统重

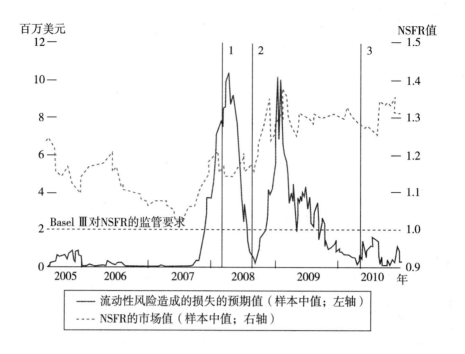

资料来源：IMF，2011.

图 4-7　流动性风险的外在影响

要性银行因为规模大、与其他银行的联系多（包括同样的融资渠道、对同类资产的共同敞口），会产生更大的外在影响。

第三节 从宏观审慎监管视角看信贷供给量的外部性

理解信贷供给量的外部性的核心是信贷波动理论。朱太辉（2010）对相关研究作了非常全面的综述。总的结论是，信贷波动具有顺经济周期性，信贷波动在节奏上快于经济波动，信贷调控的目标是维持信贷扩张速度和经济发展的合理需求相一致。详细介绍如下：

企业信用状况、抵押物价值的顺周期变化以及资本充足率和信贷损失拨备管理等是信贷顺周期波动的主要原因。具体而言，在经济增长或繁荣的过程中，不论是从信贷供给还是信贷需求的角度看，信贷都倾向于扩张，而且由于正的财务杠杆效应，信贷扩张的节奏比基础货币和经济增长的速度快，使得存款和货币供应量增加并推动价格水平不断上升，造成投机猖獗且不断蔓延，企业的资产负债表不断膨胀；而在经济下滑阶段，从信贷供给和信贷需求的角度看，信贷通常都会收缩，此时财务杠杆的反向效应就会显现，信贷收缩的节奏比基础货币、经济下滑的速度更快，通货紧缩出现，那些为卖而买的投机行为迅速消失，企业的资产负债表不断受损；而当经济处于衰退时，信贷也步入僵局，甚至信贷崩溃，直至总需求升温，企业经营开始有利可图，企业资产负债表逐步恢复，信贷需求回稳。

因此，信贷在经济活动中是一把双刃剑。一方面，经济发展需要信贷的合理扩张，信贷扩张能缓解金融和资金约束。另一方面，信贷急剧扩张最终将以信贷的收缩甚至崩溃结束，而这种扩张或收缩都会对经济造成严重的负面影响。对信贷波动进行干预是必要的，而且不论采取何种干预政策，总的目标是控制信贷的波动节奏，保持信贷扩张速度与经济增长的合理需求一致，即在信贷扩张阶段要抑制信贷的过快扩张；在信贷收缩阶段需要减缓信贷的收缩节奏甚至崩溃；在经济增长陷入信贷陷阱后，需要尽快缩短这种状况持续的时间。

综合以上分析，站在中央计划者的角度，当经济中信贷总量的扩张速度超过经济发展的合理需求时，银行的信贷供给量有负外部性；当经济中信贷总量的扩张速度低于经济发展的合理需求时，银行的信贷供给量有正外部性。比如，我国的差别准备金动态调整中，隐含着信贷增速的合理水平为目标 GDP 增速与目标 CPI 之和（即 2 - 4 式）。在 2008 年 11 月推出 4 万亿元经济刺激计划前，信贷增速偏低，需要扩张信贷；而在 2009 年信贷急剧扩张后，2010 年 1 月起我国就开始通过上调存款准备金率等措施紧缩信贷（见图 4 - 8）。

资料来源：Wind.

图 4 - 8　我国 1993 年第一季度至 2012 年第二季度贷款增速

第四节　小　结

这一章分别讨论了信用风险、流动性风险和信贷供给量的外部性的作用机制以及内在规模、外在影响的度量方法，特别指出了不同机构以及不同时点上外在影响存在的差异。最后，我们有三点说明。

第一，从本章可以看出，目前对信用风险的基础理论和计量方法研究得比较充分，但对流动性风险的研究则明显不足。一个突出表现是，在巴塞尔委员会文件中，与资本充足率监管相比，流动性风险监管尚缺乏坚实理论基础，更接近于经验规则。两个流动性风险监管指标——流动性覆盖比率（LCR）和净稳定融资比率（NS-FR）中的关键参数也缺乏充分依据，有待检验。第六章将讨论流动性风险监管的基础理论。

第二，本书分别讨论了银行破产、流动性风险以及信贷供给量的外部性以及相应监管措施，但这三种外部性之间存在紧密联系。首先，信用风险可以转化为流动性风险。如果一家银行的存款人和交易对手担心其偿债能力，会通过挤兑、提高保证金要求（Margin Call）以及增加抵押品估值折扣等渠道增加该银行的流动性压力，甚至引发流动性危机。其次，流动性风险可以转化为信用风险。在银行出于流动性压力减价抛售资产时，资产价值下跌会影响其偿债能力。最后，银行信贷供给量对其偿债能力和流动性状况都有影响。特别是，第七章将研究的调控信贷供给的存款准备金率也可以视为流动性监管工具。因此，在银行监管中，实际情况是中央计划者同时关注多种外部性，兼用多种监管工具。

第三，在宏观审慎监管中，中央计划者除了对外部性的内在规模施加限额约束外，还可以通过完善市场基础设施来降低外在影响参数。代表性例子是对场外衍生品市场进行标准化、建立中央交易对手机制并提高透明度，以阻断风险通过交易对手链条在银行间的传导渠道，突出表现于 CDS 市场。国际掉期与衍生品协会（ISDA）2009 年出台了"大爆炸"和"小爆炸"协定书，主要内容是建立信用事件的决定委员会、引入信用事件后的强制拍卖结算条款、增设信用事件和承继事件的回溯日以及推动 CDS 价差的标准化等。市场参与者进行交易压缩，轧平一些相互抵消的 CDS 交易，降低 CDS 市场的名义规模，提高市场运营效率。美国证券托管结算公司（DTCC）等机构从 2008 年起加强了 CDS 市场的信息披露。各主要金融中心纷纷建立 CDS 中央对手方清算机制或筹建 CDS 交易所，降低交易对手风险，提高市场透明度。具体改革情况见 Markit（2009a，2009b）和 Intercontinental Exchange（2010）。

第五章

针对信用风险的宏观审慎监管

　　这一章研究针对银行信用风险的宏观审慎监管，共分三节。第一节是基础理论研究，证明针对信用风险的宏观审慎监管（包括 Basel Ⅲ 针对系统重要性金融机构的附加资本要求以及逆周期资本缓冲）具有经济学合理性。第二节对 Basel Ⅲ 逆周期资本缓冲的效果进行了实证分析。第三节是小结。

　　本章的贡献主要是：证明了针对信用风险的宏观审慎监管的经济学合理性，对 Basel Ⅲ 逆周期资本缓冲的效果和局限性进行了分析。

第一节　基础理论研究

一、模型设置

假设银行资产方由在中央银行的存款准备金和贷款组成。假设存款准备金金额为 R ，准备金利率为0，即中央银行不对存款准备金付息。

假设贷款共有 n 类。第 i 类贷款总金额是 L_i ，由 n_i 家贷款企业组成，其中第 j 家企业的贷款金额是 $L_{i,j}$ ，满足 $\sum_{j=1}^{n_i} L_{i,j} = L_i$ 。假设这 n_i 家企业的违约概率（PD）都是 P_i ，违约后损失（LGD）都是 λ_i 。但它们在违约上并非完全相关，所以第 i 类贷款的整体违约率从事前看是一个随机变量。用示性变量 $I_{i,j}$ 表示第 i 类贷款中的第 j 家企业是否违约， $I_{i,j} = 1$ 表示违约， $I_{i,j} = 0$ 表示不违约， $I_{i,j}$ 的期望值等于该企业的违约概率，即 $E(I_{i,j}) = P_i$ 。从而第 i 类贷款的整体违约率为随机变量 $X_i = \dfrac{\sum_{j=1}^{n_i} L_{i,j} I_{i,j}}{\sum_{j=1}^{n_i} L_{i,j}}$ ，满足 $E(X_i) = P_i$ 。假设对第 i 类贷款：（1）所有贷款不违约时，银行获得 $L_i + a_i(L_i)$ ，其中 $a_i(L_i)$ 是贷款利息收益，满足 $a_i' > 0$ ， $a_i'' \leqslant 0$ ，即利息收益边际递减；（2）所有贷款均违约时，银行获得 $(1 - \lambda_i)L_i$ ，即本金损失 $\lambda_i L_i$ ；（3）在贷款的整体违约率为 X_i 时，银行获得 $(1 - X_i)[L_i + a_i(L_i)] +$

$X_i(1-\lambda_i)L_i$。利息收益边际递减的依据是：在违约概率和违约后损失一样的同类企业中，银行优先贷款给能支付较高利率的企业（比如，这些企业盈利能力较强或者银行对这些企业议价能力较强），后贷款给只能承担较低利率的企业。

假设银行负债方由资本和存款组成。根据 Myers 和 Majluf（1984）的"融资顺序理论"，银行寻求外部股权融资会向市场发出负面信号，在市场形势不佳时尤其如此，因此短期内银行很难获得外部股权融资。本书研究的就是短期内资本不变的情形，所以假设资本金额固定在 C。假设存款金额为 D，利息成本为 $CD(D)$，满足 $CD' > 0$，$CD'' \geq 0$，即利息成本边际递增。利息成本边际递增主要有两个依据：第一，存款是稀缺的，多吸收一单位存款要付出额外成本；第二，在其他条件不变的情况下，存款越多，银行杠杆越高，存款人面临的风险越高，要求的风险溢价越高。

在上述假设下，银行资产方和负债方满足会计恒等式：$\sum_{i=1}^{n} L_i + R = C + D$。

银行利润是

$$NI(L_1, L_2, \cdots, L_n, R, D)$$
$$= \sum_{i=1}^{n} \left[(1-X_i)a_i(L_i) - X_i\lambda_i L_i \right] - CD(D) \quad (5-1)$$

银行利润函数中没有考虑有限责任制的影响，主要为技术处理上的方便。银行利润的期望值是

$$E(NI) = \sum_{i=1}^{n} \left[(1-P_i)a_i(L_i) - P_i\lambda_i L_i \right] - CD(D) \quad (5-2)$$

二、银行破产概率的计量

银行破产条件是亏损超过资本，即 $NI < -C$。破产概率是

$$\pi(L_1, L_2, \cdots, L_n) = \Pr\left\{\sum_{i=1}^{n}\left[(1-X_i)a_i(L_i) - X_i\lambda_i L_i\right] - CD(D) < -C\right\}$$

$-CD(D)$ 的影响不大，可以忽略掉，破产概率等价表述为

$$1 - \pi(L_1, L_2, \cdots, L_n) = \Pr\left\{\sum_{i=1}^{n}\left[(1-X_i)a_i(L_i) - X_i\lambda_i L_i\right] \geqslant -C\right\}$$

$$(5-3)$$

破产概率取决于贷款组合价值变化 $\sum_{i=1}^{n}\left[(1-X_i)a_i(L_i) - X_i\lambda_i L_i\right]$ 的分布。根据现代风险管理理论（Jorion，2007），贷款组合价值变化的分布可以用信用风险价值（Credit Value at Risk，CVaR）来刻画，即在给定置信水平下，贷款组合因借款人违约造成的损失不会超过多少。在置信水平为 α 时，用 $CVaR\left\{\sum_{i=1}^{n}\left[(1-X_i)a_i(L_i) - X_i\lambda_i L_i\right], \alpha\right\}$ 表示贷款组合的信用风险价值，定义是

$$\Pr\left(\sum_{i=1}^{n}\left[(1-X_i)a_i(L_i) - X_i\lambda_i L_i\right] > \right.$$

$$\left. -CVaR\left\{\sum_{i=1}^{n}\left[(1-X_i)a_i(L_i) - X_i\lambda_i L_i\right], \alpha\right\}\right) = \alpha$$

$$(5-4)$$

从而，银行破产概率 $\pi(L_1, L_2, \cdots, L_n)$ 与贷款组合的信用风险价值、资本之间存在如下关系：

$$C = CVaR\left\{\sum_{i=1}^{n}\left[(1-X_i)a_i(L_i) - X_i\lambda_i L_i\right], 1-\pi\right\} \quad (5-5)$$

根据 Gordy（2003），在渐进单因子风险模型下（Asymptotic Single Risk Factor，ASRF），贷款组合的信用风险价值等于各类贷款

的信用风险价值之和，即

$$CVaR\left\{ \sum_{i=1}^{n} \left[(1 - X_i) a_i(L_i) - X_i \lambda_i L_i \right], 1 - \pi \right\}$$

$$= \sum_{i=1}^{n} CVaR\left[(1 - X_i) a_i(L_i) - X_i \lambda_i L_i, 1 - \pi \right] \qquad (5-6)$$

在对第 i 类贷款的假设（期望违约率是 P_i，违约后损失是 λ_i）下，根据 Vasicek（2002）、BCBS（2004，2005），得

$$CVaR((1 - X_i) a_i(L_i) - X_i \lambda_i L_i, 1 - \pi) = k(P_i, \lambda_i, 1 - \pi) \cdot L_i$$
$$(5-7)$$

其中，$k(PD, LGD, \alpha)$ 的函数形式是

$$k(PD, LGD, \alpha) = LGD \times \Phi\left(\frac{\Phi^{-1}(PD)}{\sqrt{1-\rho}} + \sqrt{\frac{\rho}{1-\rho}} \Phi^{-1}(\alpha) \right)$$

$$\times \frac{1 + (M - 2.5)b}{1 - 1.5b} \qquad (5-8)$$

其中，$\rho = 0.12\left(2 - \frac{1 - e^{-50P}}{1 - e^{-50}}\right)$（资产的相关系数），$b = [0.11852 - 0.05478 \times \ln(PD)]^2$（期限调整项），$M$ 表示贷款期限。$k(PD, LGD, \alpha)$ 是 PD、LGD 和 α 的单调递增函数：

$$\frac{\partial k}{\partial PD} > 0, \frac{\partial k}{\partial LGD} > 0, \frac{\partial k}{\partial \alpha} > 0 \qquad (5-9)$$

因此，综合公式（5-5）、公式（5-6）、公式（5-7）和公式（5-8），银行破产概率满足如下隐函数形式：

$$C = \sum_{i=1}^{n} k(P_i, \lambda_i, 1 - \pi) \times L_i \qquad (5-10)$$

三、中央计划者对信用风险的外部性的管理

假设中央计划者综合考虑银行的净利润和破产的总影响，其中银行破产的总影响为 $-NE \cdot \pi(L_1, L_2, \cdots, L_n)$，$NE$ 是银行破产的外

在影响参数。中央计划者的效用最大化问题是

$$\max_{L_1,L_2,\cdots,L_n,D} \sum_{i=1}^{n}\left[(1-P_i)a_i(L_i)-P_i\lambda_i L_i\right]-CD(D)-NE\times\pi(L_1,L_2,\cdots,L_n)$$

$$s.t. \sum_{i=1}^{n}L_i-C-D\leqslant 0 \qquad (5-11)$$

用 $L_1^*,L_2^*,\cdots,L_n^*,D^*$ 表示由最优化问题公式（5-11）决定的中央计划者合意的银行行为，用 $\pi^*=\pi(L_1^*,L_2^*,\cdots,L_n^*)$ 表示此时银行的破产概率。接下来考虑对银行破产概率施加限额约束 $\pi(L_1,L_2,\cdots,L_n)\leqslant\pi^*$ 的情形。根据公式（5-9）和公式（5-10），该限额约束等价于

$$\sum_{i=1}^{n}k(P_i,\lambda_i,1-\pi^*)L_i-C\leqslant 0 \qquad (5-12)$$

在该限额约束下，银行期望利润最大化问题是

$$\max_{L_1,L_2,\cdots,L_n,D} \sum_{i=1}^{n}\left[(1-P_i)a_i(L_i)-P_i\lambda_i L_i\right]-CD(D)$$

$$s.t. \quad \begin{array}{l}\sum_{i=1}^{n}L_i-C-D\leqslant 0\\[2mm]\sum_{i=1}^{n}k(P_i,\lambda_i,1-\pi^*)L_i-C\leqslant 0\end{array}$$

$$(5-13)$$

定理5-1　中央计划者合意的银行行为可以通过对银行施加对破产概率的限额约束来实现，即最优化问题公式（5-11）和公式（5-13）的解一样。

四、资本充足率与对破产概率的限额约束之间的等价关系

Basel Ⅰ引入了风险权重和风险加权资产概念（Basel Ⅱ 和 Basel

Ⅲ沿用了这两个概念）。Basel Ⅱ内部评级法下将风险权重设置为：准备金的风险权重为 0，第 i 类贷款的风险权重是 $12.5 \times k(P_i,\lambda_i,99.9\%)$（Basel Ⅲ沿用了此设置）。资本充足率等于资本除以风险加权资产：

$$CAR = \frac{C}{\sum_{i=1}^{n} 12.5 \times k(P_i,\lambda_i,99.9\%) \times L_i} \qquad (5-14)$$

在现实中，资本充足率监管有三种形式。为简便起见，假设贷款类型只有一种，但以下分析对多个贷款类型的情形也成立。

第一种形式是资本充足率要求是一个包括 8% 在内的一般数值，记为 c。此时资本充足率监管 $CAR \geq c$ 等价于：

$$C \geq k(P,\lambda,99.9\%)L \times \frac{c}{8\%}$$

因为 $k(\cdot)$ 是关于置信水平的递增函数 [见公式 (5-9)]，所以存在唯一的 $\alpha = \alpha(c)$，使得

$$k(P,\lambda,99.9\%) \times \frac{c}{8\%} = k[P,\lambda,\alpha(c)]$$

并且 $c > 8\%$ 时，$\alpha(c) > 99.9\%$；$c < 8\%$ 时，$\alpha(c) < 99.9\%$。

第二种形式是资本充足率的最低要求仍是 8%，但引入风险权重调整因子，比如调整风险权重到 $\mu \times 12.5 \times k(P,\lambda,99.9\%)$，其中 $\mu > 0$。这种调整一般针对特定贷款类型，比如增加按揭贷款的风险权重、降低中小企业贷款的风险权重等。此时资本充足率监管等价于：$C \geq \mu \times k(P,\lambda,99.9\%)L$。

同样，根据公式 (5-9)，存在唯一的 $\alpha = \alpha(\mu)$，使得

$$\mu \times k(P,\lambda,99.9\%) = k[P,\lambda,\alpha(\mu)]$$

并且 $\mu > 1$ 时，$\alpha(\mu) > 99.9\%$；$\mu < 1$ 时，$\alpha(\mu) < 99.9\%$。

第三种形式是资本充足率的最低要求仍是 8%，但调整作为输入变量的风险参数。比如违约概率不使用时点估计，而使用跨周期

估计或平滑处理后的估计（用 P^* 来表示）。此时资本充足率监管等价于：

$$C \geqslant k(P^*, \lambda, 99.9\%) L$$

根据公式（5-9），$k(\cdot)$ 是关于违约概率和置信水平的递增函数，所以存在唯一的 $\alpha = \alpha(P^*)$，使得

$$k(P^*, \lambda, 99.9\%) = k[P, \lambda, \alpha(P^*)]$$

并且 $P^* > P$ 时（即使用更保守的风险参数），$\alpha(P^*) > 99.9\%$；$P^* < P$ 时，$\alpha(P^*) < 99.9\%$。

因此，资本充足率监管的各种形式可统一表述为

$$C \geqslant \sum_{i=1}^{n} k(P_i, \lambda_i, \alpha) \cdot L_i \qquad (5-15)$$

注意到公式（5-15）与对破产概率的限额约束公式（5-12）是等价的。因此，资本充足率监管的含义是将银行的事前破产概率控制在 $1-\alpha$ 以下。$1-\alpha$ 反映了监管标准，α 增加表示监管标准趋严，α 降低表示监管标准放松。比如，Basel Ⅱ 资本充足率监管相当于将银行的事前破产概率限制在 0.1% 以下。

五、针对信用风险的宏观审慎监管的经济学合理性分析

定理 5-2　$\dfrac{\partial \alpha}{\partial NE} > 0$。

定理 5-2 说明，在其他条件一样的情况下，银行破产的外在影响参数越大，资本充足率监管越严，体现为更高的资本充足率要求、更大的风险权重调整因子或者使用更保守的风险参数。

鉴于第四章已经指出，破产的外在影响参数在不同机构之间和不同时点上有差异，定理 5-2 说明针对信用风险的宏观审慎监管在经济学上有合理性。

首先，在跨机构维度，对系统重要性银行，应该根据其对系统

性风险的贡献提高资本充足率要求。

其次，在时间维度，在经济上行期，应实施更严格的资本充足率要求。而在经济下行期，应实施较为宽松的资本充足率要求。这样，从整个经济周期平均看，银行破产危机概率被控制在一个审慎水平，但能降低资本充足率监管对信贷供给的顺周期影响。接下来我们重点分析 Basel Ⅲ 逆周期资本缓冲的效果。

第二节　对 Basel Ⅲ 逆周期资本缓冲的
效果的实证分析

一、研究方法说明

Basel Ⅲ 逆周期资本缓冲是金融危机后最重要的宏观审慎监管工具之一。根据巴塞尔委员会文件（BCBS，2010），逆周期资本缓冲在 0~2.5%，由各国监管当局相机决定。巴塞尔委员会指出：（1）逆周期资本缓冲的主要目标是在信贷过度扩张后金融系统经受压力时，在不损害银行系统清偿能力的前提下保障信贷供给，即防止经济下行时的信贷紧缩；（2）尽管逆周期资本缓冲能通过提高信贷成本来抑制信贷过度扩张，但这只是一个"正面副作用"；（3）逆周期资本缓冲不能用来管理经济周期或资产价格，这方面更适合用货币政策和财政政策。巴塞尔委员会根据 Drehmann 等（2010）对银行业危机预测指标的实证分析，建议各国监管当局参考私人部门信贷/GDP 比率的缺口来确定逆周期资本缓冲，但同时指出私人部门信贷/GDP 比率的缺口不是对所有国家或时期都适用，应参考其他指标来判断系统性风险的积累程度。因此，Basel Ⅲ 逆周期资本缓冲还不是一个完美的监管工具，有待在实践中校准和完善。相关的关键问题是：Basel Ⅲ 逆周期资本缓冲针对的是什么问题、该问题为何发生以及它能在多大程度上纠正该问题等。

Basel Ⅲ 逆周期资本缓冲针对的是 Basel Ⅱ 资本监管的顺周期性。Basel Ⅱ 资本监管立足于单个银行的安全和稳健，通过限定资本占风险加权资产的最低比例，规定了资本能在多大程度上覆盖资产损失，从而将银行的事前破产概率控制在0.1%以下。Basel Ⅱ的顺周期性指的是通过信贷供给放大实体经济波动：经济上行时，对信贷供给约束趋松，容易造成信贷过度扩张，积累系统性风险；在经济下行时，对信贷供给约束趋紧，加大实体经济复苏难度。

Basel Ⅱ资本监管的顺周期性有三个前提条件。一是风险权重（本章主要指信用风险权重）逆经济周期变化，在经济上行时下降，在经济下行时上升。二是银行面对更高的风险权重时，为满足最低监管资本要求，首选不是寻求外部股权融资，而是收缩资产负债表，特别是减少信贷供给。这方面的理论依据是 Myers 和 Majluf（1984）的融资顺序理论。银行寻求外部股权融资会向市场发出负面信号，股权融资成本可能高到使银行不得不放弃一些有正收益的贷款项目。三是企业缺乏能替代银行信贷的其他融资渠道，特别是中小企业，因此在信贷紧缩时不得不减少投资，从而降低经济产出。这方面的理论依据主要是对关系型银行的研究（Rajan，1992）。在这三个前提条件的作用下，经济下行→风险权重上升→银行减少信贷供给→经济产出降低→加剧经济下行，反之则反是，从而微观层面的审慎监管产生了宏观层面的消极影响。

后两个前提条件在 Blum 和 Hellwig（1995）对资本充足率监管的宏观经济影响的研究中就指出来了，均已有大量研究，本章重点关注对第一个前提条件的研究。因为 Basel Ⅱ在2006年底才开始在部分国家实施，目前还没有积累到一个经济周期的数据。相关研究一般使用历史回溯测试或数值模拟方法，主要分成两类。第一类是根据信用评级机构的违约率和信用迁徙率统计构造一个代表性贷款组合或者使用一个真实的贷款组合，通过历史回溯测试研究 Basel Ⅱ下风险权重的周期性变化。代表性研究中，Catarineu - Rabell 等（2003）、Kashyap 和 Stein（2004）、Goodhart 和 Segoviano（2004）、

Gordy 和 Howells（2006）使用构造的贷款组合，Saurina 和 Trucharte（2007）使用一个西班牙按揭贷款组合，他们都支持 Basel II 下风险权重的逆经济周期变化，特别是使用时点违约概率（Point in Time PD）时。第二类是将宏观经济波动以及企业信用状况的周期性变化视为前提条件，研究在资本约束下以及不存在外部股权融资渠道时，不同资本监管机制对银行破产概率和信贷供给的影响，代表性研究有 Repullo 和 Suarez（2009）。国内研究方面，王胜邦、陈颖（2008）总结了 Basel II 顺周期性的原因并讨论了应对措施，李文泓、罗猛（2010）通过实证分析认为我国商业银行的资本充足率具有一定的顺周期性。

对纠正 Basel II 的顺周期性，主要有两种方法。第一种是调整输入端，特别是调整违约概率估计，包括使用跨周期（Through the Cycle）或压力情景下的违约概率而非时点违约概率（Saurina 和 Trucharte，2007；CEBS[①]，2009）、对违约概率进行移动平均等平滑处理（CEBS，2009）以及调整资本要求中的置信水平参数（Repullo and Suarez，2009；CEBS，2009）。第二种是调整输出端，包括对风险权重或资本要求进行移动平均等平滑处理（Gordy，2006）、按宏观经济指标或金融市场指标进行调整（Repullo 等，2010）。Basel III 逆周期资本缓冲就属于按宏观经济指标调整资本要求。国内研究方面，周小川（2009）建议让负责整体金融稳定的部门发布季度景气与稳定系数，金融机构和监管机构可以使用该系数，乘以常规风险权重后得到新的风险权重；彭建刚等（2010）使用我国数据测算了各种顺周期性缓释机制的效果。

这些文献尽管从不同角度研究了 Basel II 的顺周期性，有的还提出了调整建议。但因为 Basel III 逆周期资本缓冲的具体形式直到

---

① CEBS 是欧洲银行监管委员会（Committee of European Banking Supervisors）的缩写，是欧盟银行管理局（European Banking Authority，EBA）的前身。

2010 年才由巴塞尔委员会提出，到本书写作时，直接研究 Basel Ⅲ 逆周期资本缓冲的效果的文献不多，本书致力于填补这一空白。

我们采取了与 Repullo 和 Suarez（2009）类似的简约化分析方法，即不建立宏观经济学意义上的一般均衡模型，不引入家庭和厂商的投资、消费和储蓄行为，不引入中央银行和货币政策，不探讨宏观经济波动产生的原因，也不讨论银行信贷供给与宏观经济波动之间的双向反馈作用，而是把宏观经济波动及对企业信用状况的影响视为外生冲击，在此背景下通过数值模拟分析 Basel Ⅱ 和 Basel Ⅲ 逆周期资本缓冲对银行破产概率和信贷供给的影响。我们对 Repullo 和 Suarez（2009）的研究方法作了三方面改进：

第一，Repullo 和 Suarez（2009）把企业信用状况的顺周期变化作为前提条件，并用 Markov 过程刻画，但没有讨论这种模型设施是否合理。本章使用 Moody's 全球企业违约率数据进行了模型合理性检验，分析表明全球企业信用状况与全球经济增长之间存在顺周期关系，并且在一定程度上满足 Markov 性质。这个分析为本章的模型提供了坚实基础，并且有助于校准模型参数。

第二，Repullo 和 Suarez（2009）是纯粹的数值模拟分析，没有讨论银行的风险权重的现实情况以及在 Basel Ⅱ 引入前后的变化。本章使用 Bankscope 全球银行业数据对全球银行业的风险权重的风险敏感度进行实证分析，发现尽管 Basel Ⅱ 在 2006 年底才开始在部分国家实施，全球银行业的风险权重的风险敏感度在 2008 年后（含）显著提高，约是 2008 年前的 6 倍。这个分析与对全球企业信用状况顺经济周期变化的分析结合在一起，是 Base Ⅱ 下风险权重逆经济周期变化的微观基础。

第三，本章简化和改进了 Repullo 和 Suarez（2009）的分析方法，主要是去掉了银行分红决策等非关键模型设置、引入宏观经济的稳态分布以研究资本监管在整个经济周期中的影响、引入没有宏观经济波动的静态模型作为比较基准等。

二、对企业信用状况和经济周期的关系的分析

在全球企业信用状况方面，Moody's 每年提供的全球企业违约率统计是最权威的公开数据之一。本章使用 Moody's（2010）提供的1980—2010 年全球企业违约率以及 IMF 世界经济展望数据库（World Economic Outlook，WEO）提供的1980—2010 年全球 GDP 增长率进行实证分析。先对数据进行描述统计，再给出计量分析结果，最后对企业信用状况进行随机过程建模。

（一）描述统计

首先，从相关性上看，全球企业信用状况顺周期变化（见图5-1和表5-1）。分全部企业、投资级企业和投机级企业对违约率与 GDP 增长率做同年相关性分析、滞后一年相关性分析（即今年的

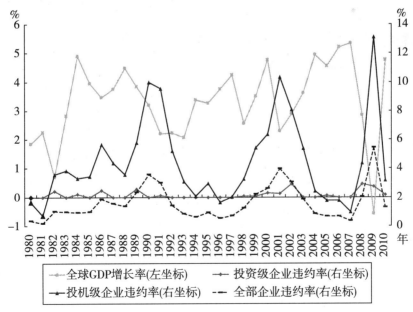

图5-1　企业违约率和 GDP 增长率

违约率与上一年的 GDP 增长率）以及领先一年相关性分析（即今年的违约率与下一年的 GDP 增长率）发现：（1）同年相关性显著为负。即全球 GDP 增长率高时，违约率低，企业信用状况好；而全球 GDP 增长率低时，违约率高，企业信用状况差。（2）滞后一年相关性均不显著，领先一年相关性在某些场合也显著为负（比如投资级企业违约率），说明在这些场合违约率是 GDP 增长率的先行指标，但显著程度低于同年相关性。

表 5 - 1　　　对企业违约率与 GDP 增长率的相关性分析

	全球 GDP 增长率（%）	全部企业违约率（%）	投资级企业违约率（%）	投机级企业违约率（%）
平均	3.32	1.59	0.09	4.48
中值	3.46	1.26	0.00	3.58
最小	−0.58	0.16	0.00	0.71
最大	5.34	5.42	0.46	13.14
标准差	1.34	1.21	0.14	3.01
相关性分析				
与同一年 GDP 增长率	—	−0.44	−0.35	−0.49
与上一年 GDP 增长率		0.08	0.12	0.02
与下一年 GDP 增长率	—	−0.02	−0.24	−0.02

其次，从全部企业违约率与历史平均违约率（1.59%）的关系来看（见图 5 - 2）：（1）在 35% 的年份，企业违约率超过历史平均违约率，这些年份企业违约率平均为 2.91%。（2）在 65% 的年份，企业违约率低于历史平均违约率，这些年份企业违约率平均为 0.87%。（3）如果某一年企业违约率超过历史平均违约率，则有 64% 的可能性下一年违约率仍超过历史平均违约率。（4）如果某一年企业违约率低于历史平均违约率，则有 79% 的可能性下一年违约率仍低于历史平均违约率。用指示变量 AboveAvg 表示全部企业违约率是否超过历史平均违约率，超过历史平均违约率为 1，否则为 0。

AboveAvg 与滞后一年的 AboveAvg 的相关系数为 0.43，说明企业信用状况的变化有一定惯性。

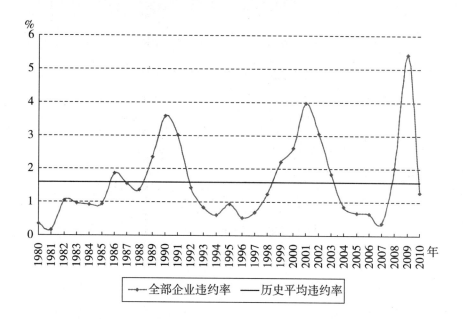

图 5 - 2　全部企业违约率与历史平均违约率的比较

（二）计量分析结果

接下来进行两个计量分析。第一个是全部企业违约率（记为 AllCorp）、投资级企业违约率（记为 IG）和投机级企业违约率（记为 HY）与 GDP 增长率（记为 GDP）之间的 OLS 回归，目的是验证企业信用状况的顺周期性，其中各变量单位均为%。第二个是对 AboveAvg 与滞后一年、两年的 AboveAvg 进行 Logit 回归，目的是验证 AboveAvg 是否满足 Markov 性质。

首先看企业信用状况的顺周期性检验，OLS 回归结果如表 5 - 2。所有回归和参数估计均在 10% 置信水平下显著。当 GDP 增长率提高 1% 时，投资级企业的违约率下降 0.04%，投机级企业的违约率下降 1.10%，全部企业的违约率下降 0.40%，说明企业信用状况顺周期变化，并且投机级企业的顺周期性高于投资级。

表 5 – 2   对企业信用状况的 OLS 回归结果

因变量	AllCorp	IG	HY
常数项	2.93*** (0.54)	0.21*** (0.06)	8.13*** (1.31)
GDP	-0.40** (0.15)	-0.04* (0.02)	-1.10*** (0.37)
样本数	31	31	31
调整 R^2	17%	9%	21%
P 值	0.0126	0.0555	0.0055

注：1. ***、**和*分别表示在1%、5%和10%置信水平下显著。

    2. 括号中数字为各系数估计的标准差。

其次看对 AboveAvg 的 Logit 回归（表 5 – 3）。首先，在控制滞后一年 AboveAvg 后，滞后两年 AboveAvg 的系数估计不显著，即在当前 AboveAvg 给定的条件下，未来 AboveAvg 和历史 AboveAvg 无关，因此 AboveAvg 满足 Markov 性质。其次，滞后一年 AboveAvg 的系数估计在5%置信水平下显著大于0，说明 AboveAvg 的变化有一定惯性。

表 5 – 3   对 AboveAvg 的 Logit 回归结果

因变量	AboveAvg	AboveAvg
常数项	-1.32** (0.56)	-1.10* (0.58)
L. AboveAvg	1.88** (0.84)	2.56** (1.19)
L2. AboveAvg		-1.32 (1.23)
样本数	30	29
伪 R^2	14%	17%
P 值	0.0195	0.0413

注：1. ***、**和*分别表示在1%、5%和10%置信水平下显著。

    2. 括号中数字为各系数估计的标准差。

    3. L 表示滞后一年算子，L2 表示滞后两年算子。

（三）对企业信用状况建模

接下来，将全部企业违约率离散化成超过和不超过历史平均的两种状态，用 Markov 过程来刻画宏观经济波动以及由此造成的企业信用状况变化。

假设宏观经济有两种可能状态：h，表示经济下行期，企业违约率为 P_h；l，表示经济上行期，企业违约率为 P_l。根据前面分析，P_h 取值为 2.91%，P_l 取值为 0.87%。用 S_t 表示宏观经济在 t 期所处的状态，$S_t = h$ 对应着 AboveAvg 为 1，$S_t = l$ 对应着 AboveAvg 为 0。基于前面的实证分析，随机过程 $\{S_t, t = 0, 1, 2, \cdots\}$ 满足 Markov 性质（钱敏平、龚光鲁，1998）：

$$\forall t, n \quad f(S_{t+1} \mid S_t, S_{t-1}, \cdots, S_{t-n}) = f(S_{t+1} \mid S_t) \quad (5-16)$$

其中，$f(S_{t+1} \mid \cdot)$ 表示 S_{t+1} 的条件概率分布。

因为 $\{S_t, t = 0, 1, 2, \cdots\}$ 是 Markov 过程，所以能用转移概率刻画其动态变化：

$$f(S_{t+1} = h \mid S_t = h) = q_h \quad f(S_{t+1} = l \mid S_t = h) = 1 - q_h$$
$$f(S_{t+1} = l \mid S_t = l) = q_l \quad f(S_{t+1} = h \mid S_t = l) = 1 - q_l$$

$$(5-17)$$

即如果当前状态为 h，则下一期状态仍为 h 的概率是 q_h，变为 l 的概率是 $1 - q_h$；如果当前状态为 l，则下一期状态仍为 l 的概率是 q_l，变为 h 的概率是 $1 - q_l$，如图 5 - 3 所示：

根据前面分析，q_h 取值为 64%，q_l 取值为 79%。

根据有限状态 Markov 过程的性质，宏观经济存在唯一的稳态分布 (π_h, π_l)（钱敏平、龚光鲁，1998）。从稳态分布出发，下一期状态仍服从稳态分布。其中 π_h 表示稳态时状态为 h 的概率，π_l 表示稳态时状态为 l 的概率。稳态分布由下列方程组决定：

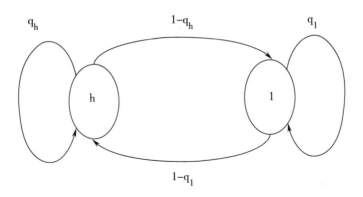

图 5 - 3   宏观经济的状态转换

$$\pi_h \cdot f(S_{t+1} = h \mid S_t = h) + \pi_l \cdot f(S_{t+1} = h \mid S_t = l) = \pi_h$$

$$\pi_h \cdot f(S_{t+1} = l \mid S_t = h) + \pi_l \cdot f(S_{t+1} = l \mid S_t = l) = \pi_l$$

$$\pi_h + \pi_l = 1$$

解出稳态分布为

$$\pi_h = \frac{1 - q_l}{2 - q_h - q_l}, \pi_l = \frac{1 - q_h}{2 - q_h - q_l} \qquad (5 - 18)$$

稳态分布时企业的平均违约率是 $\pi_h P_h + \pi_l P_l$。

根据前述参数取值，稳态分布是 $\pi_h = 37\%$，$\pi_l = 63\%$，这与全部企业违约率在35%年份高于历史平均、在65%年份低于历史平均的统计结果一致；稳态分布时企业的平均违约率是1.62%，这与历史平均1.59%非常接近。所以，Markov过程很好地刻画了现实情况。

三、对银行风险权重的风险敏感度的分析

这一节的目的是说明尽管 Basel Ⅱ 在 2006 年底才开始在部分国家实施，而且实施时间不足一个经济周期，但从全球范围看，银行的风险权重的风险敏感度在 2008 年后（含）显著增加。这样，结

合对全球企业信用状况顺周期性的分析，在经济下行、企业信用状况恶化时，风险权重会增加，反之则反是，说明 Basel Ⅱ 资本监管的顺周期性的第一个前提——风险权重逆经济周期变化在现实中成立。这一部分先说明变量定义和待检验假说，再说明数据并对变量进行描述统计，最后给出计量分析结果。

（一）变量定义和待检验假说

首先说明有关变量的定义。假设银行的资产方有 n 种资产，第 i 种资产的金额为 A_i，风险权重为 $RiskWgt_i$，总资产为 $A = \sum_{i=1}^{n} A_i$。

定义平均风险权重为 $AvgRiskWgt = \frac{1}{A} \sum_{i=1}^{n} A_i \times RiskWgt_i$。银行一般不会在财务报表中披露每一种资产的风险权重或平均风险权重，但平均风险权重可以根据资本充足率和杠杆率推算。假设银行的资本为 C，则资本充足率和杠杆率的计算公式分别为 $CAR = \frac{C}{\sum_{i=1}^{n} A_i \times RiskWgt_i}$，$Equity/Asset = \frac{C}{A}$，所以平均风险权重等于杠杆率与资本充足率之比：

$$AvgRiskWgt = \frac{Equity/Asset}{CAR} \qquad (5-19)$$

另外，使用银行的贷款拨备计提比例（等于当年计提的贷款拨备除以平均贷款总额）作为企业信用状况的替代变量。

其次说明待检验假说。在 Basel Ⅰ 以及 Basel Ⅱ 标准法下，风险权重由监管当局指定。Basel Ⅱ 内部评级法提高了风险权重的风险敏感性，巴塞尔委员会基于信用风险价值制定了风险权重的计算公式（详细情况见本章第一节），但其中的关键参数——违约概率、违约后损失和违约风险暴露由银行测算，特别是违约概率。而且违约概率越高，风险权重越高［见公式（5-9）］。随着 Basel Ⅰ 向 Basel

Ⅱ过渡，我们预期企业信用状况对平均风险权重的正影响力增强。另外，在 Basel Ⅰ和 Basel Ⅱ下，贷款均是风险权重最高的资产之一。所以在其他条件一样时，贷款比例越高，平均风险权重越高，因此将贷款比例作为控制变量。

（二）数据说明和变量描述统计

我们使用的银行业数据来自全球权威的银行业数据库——Bankscope 数据库。Bankscope 的优点是涵盖了很多未上市银行的数据。为方便银行之间的比较，特别是不同国家的银行之间的比较，我们使用 Bankscope 数据库提供的 Universal Bank Model。这是 Bankscope 建立的一个银行业财务报表的标准模板，Bankscope 会将各银行提供的原始财务报表调整成 Universal Bank Model 的形式，这样就能保证实证分析中使用的各个指标是按统一口径计算的。

我们按如下步骤确定了全球银行业样本。首先确定国家范围：根据 IMF 提供的 2010 年全球各国 GDP 数据，G20 国家中南非的 GDP 最低，因此选择所有 GDP 超过南非的国家，这样就能保证样本涵盖全球主要发达国家和新兴市场国家。最终选择了 28 个国家和地区，2010 年这 28 个国家和地区合计占全球 GDP 的 86%。其次，在这 28 国家和地区中，根据 2009 年总资产排序，选择前 500 家商业银行，然后剔除了数据较少的 2 家，最后剩下 498 家。

我们从 Bankscope 下载了这 498 家全球主要银行从 1995 年至 2010 年共 16 年的年度财务报表。因为不是每个银行在所有年份都有数据，数据样本在年份间分布不是很均匀。

被解释变量为根据前述方法计算的平均风险权重（Avg Risk Wgt）。解释变量是贷款拨备计提比例（Imp Charge Ratio），控制变量是贷款占资产的比例（Loan Pct），均由 Bankscope 直接提供。各变量单位均为%，分年描述统计见表 5 - 4。从历年情况看，平均风险权重和贷款比例一般在 50% ~ 60%。贷款拨备计提比例在 1998

年达到 2.98% 后一直下降到 2005 年的 0.64%，然后开始上升。

表 5 - 4   平均风险权重、贷款拨备计提比例和贷款占比的描述统计

年份	样本数	*AvgRiskWgt*	*ImpChargeRatio*	*LoanPct*
1995	31	56.53	1.22	48.95
1996	80	57.79	1.49	54.28
1997	97	57.04	1.13	55.81
1998	106	58.01	2.82	53.91
1999	116	54.59	1.72	57.84
2000	189	56.42	1.15	57.50
2001	207	55.46	1.26	56.01
2002	214	53.46	1.41	55.54
2003	220	51.52	1.12	55.80
2004	233	54.93	0.91	55.61
2005	296	55.99	0.64	56.28
2006	343	56.92	0.69	57.62
2007	363	59.01	0.72	58.10
2008	397	52.99	1.14	57.06
2009	413	51.35	1.57	57.31
2010	362	52.22	1.03	57.18

（三）计量分析结果

先从 1995 年到 2010 年进行分年回归，结果见表 5 - 5。2005 年后，贷款拨备计提比例的系数估计在 5% 置信水平下显著大于 0，而且回归的调整 R^2 明显增加，说明平均风险权重的风险敏感性明显增强。

表 5 – 5 对资产的平均风险权重的实证分析

年份	常数项	*ImpChargeRatio*	*LoanPct*	调整 R^2	P 值
1995	58.46 * * * (19.71)	1.56 (2.01)	– 0.08 (0.3)	– 4%	0.6762
1996	45.84 * * * (8.66)	0.43 (0.72)	0.21 (0.13)	1%	0.2743
1997	27.80 * * * (7.17)	1.73 (1.22)	0.48 * * * (0.11)	16%	0.0001
1999	9.75 (6.6)	0.84 * * * (0.27)	0.82 * * * (0.11)	37%	0.0000
1999	31.74 * * * (6.53)	– 1.17 * (0.59)	0.48 * * * (0.11)	17%	0.0000
2000	31.08 * * * (10.46)	0.18 (1.63)	0.43 * * * (0.16)	3%	0.0288
2001	29.28 * * * (6.82)	2.84 * * (1.24)	0.40 * * * (0.11)	7%	0.0003
2002	37.55 * * * (6.43)	0.44 (1.12)	0.29 * * * (0.1)	3%	0.0179
2003	34.99 * * * (7.09)	1.00 (1.2)	0.29 * * * (0.11)	2%	0.0318
2004	22.10 * * * (7.73)	0.66 (1.29)	0.56 * * * (0.13)	7%	0.0001
2005	22.07 * * * (6.7)	6.32 * * * (1.71)	0.54 * * * (0.11)	11%	0.0000
2006	24.07 * * * (5.47)	2.52 * * (1.27)	0.56 * * * (0.09)	11%	0.0000
2007	25.58 * * * (5.6)	6.46 * * * (1.39)	0.50 * * * (0.09)	12%	0.0000
2008	23.54 * * * (5.12)	4.39 * * * (0.85)	0.43 * * * (0.08)	11%	0.0000
2009	17.42 * * * (4.12)	6.56 * * * (0.55)	0.41 * * * (0.06)	29%	0.0000
2010	25.47 * * * (4.08)	8.63 * * * (0.86)	0.32 * * * (0.07)	26%	0.0000

注：1. * * * 、 * * 和 * 分别表示在 1% 、5% 和 10% 置信水平下显著。

2. 括号中数字为各系数估计的标准差。

　　但要分析平均风险权重的风险敏感度有没有发生结构性变化，仅仅分年做回归不够严谨，必须进行截断点不确定的 Chow 检验。Quandt（1960）提出在所有可能的截断点下进行 Chow 检验，所有 Chow 统计量的最大值称为 Quandt 统计量。但 Quandt 统计量不服从通常的 F 分布，Andrews（1993）给出了 Quandt 统计量的分布表，Hansen（1997）给出了 P 值的计算方法。Hansen（2001）提出根据各截断点下的残余方差（Residual Variance，等于分段回归的残差平方和除以样本数量）来判断结构性变化发生的时点。按上述方法得到的各截断点下的 Chow 统计量和残余方差如图 5-4（截断点含义是，比如截断点为 2008 年时，样本分为 1995—2007 年以及 2008—2010 年两段）。

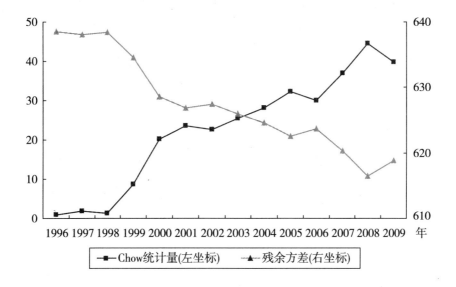

图 5-4　各截断点下的 Chow 统计量和残余方差

　　Quandt 统计量，即最大的 Chow 统计量，等于 44.58。根据 Andrews（1993），Quandt 统计量的 1% 分位数为 19.06，所以在 1% 置信水平下拒绝不存在结构性变化的零假设。实际上根据 Hansen（1997），P 值小于万分之一，所以结构性变化高度显著。在截断点为 2008 年时，残余方差最小，所以根据 Hansen（2001），平均风险权重的风险敏感度在 2008 年后（含）发生了结构性变化。为更好地计量这种结构性变化，我们引入表示 2008 年的虚拟变量 D，D 在 2008—2010 年取 1，在 1995—2007 年取 0，并进行如下 OLS 回归：

$$AvgRiskWgt = \alpha_0 + \alpha_1 ImpChargeRatio$$
$$+ \alpha_2 LoanPct + \beta_0 D + \beta_1 D \times ImpChargeRatio$$
$$+ \beta_2 D \times LoanPct + \varepsilon \qquad (5-20)$$

其中，$D \times ImpChargeRatio$ 的系数刻画了 2008 年后平均风险权重的风险敏感度相对 2008 年前的变化，回归结果如表 5-6。可以看出，$D \times ImpChargeRatio$ 的系数估计高度显著。2008 年前贷款拨备计提比例升高 1‰，平均风险权重增加 1% 。而 2008 年后贷款拨备计提比例升高 1‰，平均风险权重增加 6.10% ，平均风险权重的风险敏感度是 2008 年前的 6 倍。

表 5-6 平均风险权重的风险敏感度在 2008 年前后的变化

因变量	$AvgRiskWgt$
常数项	28.67 ***
	(1.98)
$ImpChargeRatio$	1.00 ***
	(0.24)
$LoanPct$	0.47 ***
	(0.03)
D	-6.77 **
	(3.45)
$D \times ImpChargeRatio$	5.10 ***
	(0.51)
$D \times LoanPct$	-0.07
	(0.06)
样本数	3667
调整 R^2	12%
P 值	0.0000

注：1. * * *、* * 和 * 分别表示在 1%、5% 和 10% 置信水平下显著。

2. 括号中数字为各系数估计的标准差。

四、各种资本监管机制下银行破产概率和信贷供给的比较

这一节先给出理论模型，重点是动态模型和作为参照的静态模型，最后给出各种资本监管机制对银行破产概率和信贷供给的影响的数值模拟结果。

（一）数值模拟模型的假设

我们构建一个两期动态模型来研究在宏观经济的动态变化中，各种资本监管机制对银行破产概率和信贷供给的影响。选择两期的原因主要有两个：第一，本章研究的是银行没有外部股权融资渠道的短期情形。第二，宏观经济只有两个状态，用两期模型足以反映丰富的经济动态。

假设宏观经济服从前面给出的 Markov 过程，并且这对监管当局和银行是共同知识。假设初始状态时，宏观经济处于稳态分布。

假设银行不分红，所有利润都用于补充资本，但没有外部股权融资渠道。假设银行资产方只有一种贷款，金额为 L ，贷款利率为 i 并外生给定。银行通过存款为贷款超过资本的部分融资，存款利率为 d 并外生给定。假设贷款的期望违约概率（无条件违约概率）在宏观经济的两个状态中分别取 P_h 和 P_l ，违约后损失比例为 λ 并保持不变。根据 Vasicek（2002），在贷款期望违约概率为 P 时，贷款违约概率 X（即条件违约概率）服从分布 $F(x,P)$ ，其中，

$$F(x,P) = \Phi(\frac{\sqrt{1-\rho}\Phi^{-1}(x) - \Phi^{-1}(P)}{\sqrt{\rho}}),\rho = 0.12(2 - \frac{1-e^{-50P}}{1-e^{-50}})$$

$$(5-21)$$

$F(x,P)$ 与公式（5-8）给出的 $\frac{1}{\lambda}k(P,\lambda,\alpha)$ 是逆函数关系，

$F(x,P)$ 是 X 的累计概率分布函数，$\frac{1}{\lambda}k(P,\lambda,\alpha)$ 是 X 的 α 分位数。

假设除贷款外的其他资产（比如存款准备金）的风险权重均等于0。根据本章第一节，在贷款期望违约概率为 P 时，资本充足率监管的各种形式可统一等价表述为

$$C \geq k(P,\lambda,\alpha)L \qquad (5-22)$$

其中，$k(P,\lambda,\alpha)$ 的形式见公式（5-8），为简便取期限为1年的情形。公式（5-22）中，α 是银行的存续概率，α 增加表示资本充足率监管趋严，α 降低表示资本充足率监管趋松。以下对各种资本监管的分析均采取公式（5-22）的形式。

（二）单期模型的解

因为在两期动态模型中各期的问题类似，所以将其合在一起讨论。用 C 表示资本金额，用 L 表示贷款金额。为方便讨论，引入对参数的限制：$1 > \lambda \gg i > d > 0$。因为回收率 λ 一般在40%左右，所以此条件很容易满足。

银行利润为

$$NI(L,C,X) = (1-X) \times iL - X \times \lambda L - d(L-C)$$
$$\approx [i - d - (i+\lambda)X]L \qquad (5-23)$$

其中，因为 L 一般远大于 C，作了近似处理：$L-C \approx L$。公式（5-23）中 $i-d$ 等于银行的存贷款利差，$i+\lambda$ 对应贷款违约时损失的本金和利息，X 是违约概率。

银行在资本给定的情况下，选择满足资本监管约束的贷款金额来最大化期望利润：

$$\max_{L} \quad E[NI(L,C,X)] = [i - d - (i+\lambda)P]L$$
$$\qquad (5-24)$$
$$s.t. \qquad C \geq k(P,\lambda,\alpha)L$$

银行利润最大化时的信贷供给是

$$L = \frac{C}{k(P,\lambda,\alpha)} \qquad (5-25)$$

银行实现的利润是

$$NI(C,X) = \frac{i - d - (i + \lambda)X}{k(P,\lambda,\alpha)}C \qquad (5-26)$$

银行破产的条件是亏损超过资本，即 $NI(C,X) < -C$。因为 $1 > \lambda \gg i > d > 0$，银行破产条件等价于

$$X > \frac{i - d + k(P,\lambda,\alpha)}{i + \lambda} \approx X^* = \frac{1}{\lambda}k(P,\lambda,\alpha) \qquad (5-27)$$

破产概率等于

$$1 - F(X^*,P) = 1 - \alpha \qquad (5-28)$$

银行不破产时，新的资本水平是

$$NI(C,X) + C \approx \left[1 + \frac{i - d}{k(P,\lambda,\alpha)}\right]\left(1 - \frac{X}{X^*}\right)C \qquad (5-29)$$

含义是：在资本充足率约束下，一单位资本能用来发放 $\dfrac{1}{k(P,\lambda,\alpha)}$ 单位贷款，在企业不违约时净利润率为 $i - d$，对应着 $\dfrac{i - d}{k(P,\lambda,\alpha)}$ 单位的资本增量；$1 - \dfrac{X}{X^*}$ 反映了企业违约的影响，违约率 X 越高，下一期资本越少。

（三）动态模型的解

初始时银行资本 C_0 外生给定。监管当局按存续概率设置资本充足率要求，在宏观经济状态为 h 时为 α_h，在宏观经济状态为 l 时为 α_l。动态模型按以下顺序展开：

（1）第一期宏观经济状态 S_1 被揭示，监管当局制定银行资本充足率要求。

（2）银行根据资本充足率要求和初始资本 C_0，确定第一期信贷供给。

（3）第一期企业违约率被实现（记为 X_1），银行实现第一期的利润 NI_1。如果 $NI_1 < -C_0$，银行破产并且模型结束。如果 $NI_1 \geq -C_0$，银行不破产并且所有利润用于补充资本，新的资本水平为

$C_1 = NI_1 + C_0$，进入第（4）步。

（4）第二期宏观经济状态 S_2 被揭示，监管当局制定银行资本充足率要求。

（5）银行根据资本充足率要求和第一期末资本 C_1，确定第二期信贷供给。

（6）第二期企业的违约率被实现（记为 X_2），银行实现第二期的利润 NI_2。如果 $NI_2 < -C_1$，银行破产，模型结束；反之，银行不破产。

模型的解如下：

第一期资本充足率要求是 $k(P_{S_1}, \lambda, \alpha_{S_1})$，信贷供给是 $L_1 = \dfrac{C_0}{k(P_{S_1}, \lambda, \alpha_{S_1})}$。第一期企业违约率 X_1 服从分布 $F(x, P_{S_1})$，银行破产条件是 $X_1 > X_1^* = \dfrac{1}{\lambda} k(P_{S_1}, \lambda, \alpha_{S_1})$，破产概率等于 $1 - F(X_1^*, P_{S_1})$ $= 1 - \alpha_{S_1}$。如果银行不破产，第一期末资本为 $C_1 \approx \left[1 + \dfrac{i-d}{k(P_{S_1}, \lambda, \alpha_{S_1})}\right]\left(1 - \dfrac{X_1}{X_1^*}\right) C_0$。

第二期的资本充足率要求是 $k(P_{S_2}, \lambda, \alpha_{S_2})$，信贷供给是 $L_2 = \dfrac{C_1}{k(P_{S_2}, \lambda, \alpha_{S_2})}$。第二期企业的违约率 X_2 服从分布 $F(x, P_{S_2})$，银行破产条件是 $X_2 > X_2^* = \dfrac{1}{\lambda} k(P_{S_2}, \lambda, \alpha_{S_2})$，破产概率 $1 - F(X_2^*, P_{S_2})$ $= 1 - \alpha_{S_2}$。

不同情景下，银行破产概率是

$$\pi(S_1 = h, S_2 = h) = 1 - \alpha_h^2, \pi(S_1 = h, S_2 = l) = 1 - \alpha_h \alpha_l$$
$$\pi(S_1 = l, S_2 = h) = 1 - \alpha_h \alpha_l, \pi(S_1 = l, S_2 = l) = 1 - \alpha_l^2$$

$$(5-30)$$

因为从稳态分布出发时，不同情景出现概率是 $S_1 = h, S_2 = h$，

概率 $\pi_h q_h$；$S_1 = h, S_2 = l$，概率 $\pi_h(1 - q_h)$；$S_1 = l, S_2 = h$，概率 $\pi_l(1 - q_l)$；$S_1 = l, S_2 = l$，概率 $\pi_l q_l$，所以银行破产概率是

$$\pi_h q_h \pi(S_1 = h, S_2 = h) + \pi_h(1 - q_h)\pi(S_1 = h, S_2 = l)$$
$$+ \pi_l(1 - q_l)\pi(S_1 = l, S_2 = h) + \pi_l q_l \pi(S_1 = l, S_2 = l)$$
$$= 1 - \frac{(1 - q_l)q_h \alpha_h^2 + (1 - q_h)q_l \alpha_l^2 + 2(1 - q_h)(1 - q_l)\alpha_h \alpha_l}{2 - q_h - q_l}$$

$$(5 - 31)$$

（四）静态模型的解

作为一个比较基准，考虑不存在经济波动的情景（称为静态模型）。静态模型的结构与动态模型一样，只有两处不同。第一个不同是，静态模型假设宏观经济不是动态地在两个状态之间转化，而是始终处与稳态分布等价的单一状态中，即企业期望违约率保持在 $\overline{P} = \pi_h P_h + \pi_l P_l$，企业的违约率 $\overline{X}$ 服从分布 $F(x, \overline{P})$。第二个不同是，监管当局的资本充足率要求保持在 $k(\overline{P}, \lambda, \overline{\alpha})$。静态模型相当于最初在设计 Basel II 时没有考虑宏观经济波动的情形。

根据与动态模型类似的思路对静态模型求解如下：第一期信贷供给为 $\overline{L}_1 = \dfrac{C_0}{k(\overline{P}, \lambda, \overline{\alpha})}$。第一期银行破产的条件是 $\overline{X}_1 > \overline{X}^* = \dfrac{1}{\lambda}k(\overline{P}, \lambda, \overline{\alpha})$，破产概率是 $1 - \overline{\alpha}$。如果第一期不破产，第一期末银行资本 $\overline{C}_1 \approx \left[1 + \dfrac{i - d}{k(\overline{P}, \lambda, \overline{\alpha})} \right]\left(1 - \dfrac{\overline{X}_1}{\overline{X}^*} \right)C_0$。第二期信贷供给为 $\overline{L}_2 = \dfrac{\overline{C}_1}{k(\overline{P}, \lambda, \overline{\alpha})}$。第二期银行破产的条件是 $\overline{X}_2 > \overline{X}^*$，破产概率是 $1 - \overline{\alpha}$。

在静态模型中，银行破产概率是

$$1 - \overline{\alpha} + \overline{\alpha}(1 - \overline{\alpha}) = 1 - \overline{\alpha}^2 \qquad (5 - 32)$$

（五）数值模拟结果

接下来在银行破产概率一样的情况下，比较各种资本监管机制下的信贷供给波动。我们先对参数赋值，然后报告数值模拟结果。

前面已给出部分参数的取值：$P_h = 2.91\%$，$P_l = 0.87\%$，$q_h = 64\%$，$q_l = 79\%$，$\bar{P} = \pi_h P_h + \pi_l P_l = 1.62\%$。将违约后损失比例 λ 校准到46%，这样在1.62%的违约率以及0.1%银行破产概率下，资本充足率要求是8%，而且46%与 Basel Ⅱ 内部评级法的初级版默认的45%非常接近。根据前面介绍的 Bankscope 全球银行数据，全球银行业 1995—2010 年的净利息收益为2.91%，所以将净利差取为 $i - d = 3\%$。银行初始资本标准化为1。

先考虑 Basel Ⅲ 不含留存资本缓冲的情形，此时最低资本充足率为8%，逆周期资本缓冲在 $0 \sim 2.5\%$。在动态模型中，相当于在状态 h 时资本充足率 c_h 等于8%，在状态 l 时资本充足率 c_l 等于10.5%，根据（理由见本章第一节）

$$k(P_S, \lambda, 99.9\%) \times \frac{c_S}{8\%} = k(P_S, \lambda, \alpha_S)$$

可以算出 $\alpha_h = 99.9\%$ 和 $\alpha_l = 99.97\%$。根据公式（5-31），银行破产概率是0.11%。

在 Basel Ⅱ 下，资本充足率要求与宏观经济状态无关，即 $c_h = c_l = c$。与 Basel Ⅲ（不含留存资本缓冲）在银行破产概率上等价的 Basel Ⅱ 要求相当于求 α_h、α_l 和 c 满足

$$k(P_h, \lambda, 99.9\%) \times \frac{c}{8\%} = k(P_h, \lambda, \alpha_h), \ k(P_l, \lambda, 99.9\%) \times \frac{c}{8\%}$$
$$= k(P_l, \lambda, \alpha_l)$$

并且由 α_h、α_l 和公式（5-31）确定的银行破产概率等于0.11%。用数值方法算出的解是：$\alpha_h = 99.95\%$、$\alpha_l = 99.94\%$ 和 $c = 9\%$，说明 Basel Ⅲ 逆周期资本缓冲相当于把资本充足率提高了

1%。这是 Basel Ⅲ逆周期资本缓冲的第一个效果。

对应到静态模型中，由公式（5－32）确定的破产概率等于 0.11%时，$\bar{\alpha} = 99.95\%$。

综上所述，比较三种资本监管机制：一是静态模型并且 $\bar{\alpha} = 99.95\%$。二是动态模型并且 $\alpha_h = 99.95\%$ 和 $\alpha_l = 99.94\%$，这相当于在 Basel Ⅱ中把资本充足率固定在9%。三是动态模型并且 $\alpha_h = 99.9\%$ 和 $\alpha_l = 99.97\%$，这是 Basel Ⅲ不含留存资本缓冲的情形。三种资本监管机制下银行破产概率和信贷供给如表5－10所示，其中第一期末资本和第二期信贷供给均是在第一期不破产的条件下的期望值。

表5－7　　　　静态模型下的银行破产概率和信贷供给

第一期破产概率（%）	第二期破产概率（%）	总破产概率（%）	第一期信贷供给	第一期末资本	第二期信贷供给
0.05	0.05	0.11	11.14	1.22	13.64

表5－8　　　　Basel Ⅱ下的银行破产概率和信贷供给

第一期状态	第二期状态	情景出现概率（%）	第一期破产概率（%）	第二期破产概率（%）	总破产概率（%）	第一期信贷供给	第一期末资本	第二期信贷供给
h	h	24	0.05	0.05	0.09	8.70	1.12	9.70
h	l	13	0.05	0.06	0.11	8.70	1.12	16.46
l	h	13	0.06	0.05	0.11	14.76	1.36	11.82
l	l	50	0.06	0.06	0.12	14.76	1.36	20.05

表5－9　　Basel Ⅲ逆周期资本缓冲下的银行破产概率和信贷供给

第一期状态	第二期状态	情景出现概率（%）	第一期破产概率（%）	第二期破产概率（%）	总破产概率（%）	第一期信贷供给	第一期末资本	第二期信贷供给
h	h	24	0.10	0.10	0.20	9.79	1.13	11.02
h	l	13	0.10	0.03	0.13	9.79	1.13	14.24
l	h	13	0.03	0.10	0.13	12.65	1.31	12.82
l	l	50	0.03	0.03	0.06	12.65	1.31	16.57

表 5 - 10   各资本监管机制下信贷供给的比较

第一期状态	第二期状态	Basel Ⅱ vs 静态模型		Basel Ⅲ vs 静态模型	
		第一期信贷供给（%）	第二期信贷供给（%）	第一期信贷供给（%）	第二期信贷供给（%）
h	h	-22	-29	-12	-19
h	l	-22	21	-12	4
l	h	32	-13	14	-6
l	l	32	47	14	22

因此，在 Basel Ⅱ 和 Basel Ⅲ 逆周期资本缓冲下，银行信贷均会顺周期变化，在经济上行时（状态 l）信贷供给比静态模型高，在经济下行时（状态 h）信贷供给比静态模型低。Basel Ⅲ 逆周期资本缓冲下信贷供给偏离静态模型的幅度约为 Basel Ⅱ 的一半，所以，Basel Ⅲ 逆周期资本缓冲能消除 Basel Ⅱ 约 50% 的顺周期影响。[①] 这是 Basel Ⅲ 逆周期资本缓冲的第二个效果。

五、Basel Ⅲ 逆周期资本缓冲的局限性

Basel Ⅲ 逆周期资本缓冲的本质是微观目标和宏观目标之间的平衡。微观目标是保证单个银行的安全和稳健，体现为控制事前的破产风险，这是 Basel Ⅰ 和 Basel Ⅱ 微观审慎层面的资本充足率监管的出发点。宏观目标是降低信贷的顺周期性波动，特别是缓解经济下行时的信贷紧缩。Basel Ⅲ 逆周期资本缓冲的意义在于：一是在经济上行时收紧对银行破产风险的容忍度（事前的破产概率低于

---

① 更严谨的做法是先在每种情景下计算 Basel Ⅲ 逆周期资本缓冲下信贷供给偏离静态模型的幅度与 Basel Ⅱ 下的偏离幅度之比，再根据各情景出现的概率计算加权平均。因为如此得到的结果非常接近 50%，我们不报告详细计算过程。

0.03%），在经济下行时放松对银行破产风险的容忍度（事前的破产概率低于0.1%），但在整个经济周期内平均来看，对银行破产风险的容忍度保持在一定水平（事前的破产概率为0.05%）。二是在经济下行时，通过放松监管资本要求，缓解信贷紧缩。比较而言，Basel Ⅱ只有微观目标，没有宏观目标。

尽管 Basel Ⅲ 逆周期资本缓冲有积极意义，但它的局限也不容忽视。首先，有大量实证研究表明，在不同国家和不同时期，资本充足率对信贷增长不一定总有约束力。比如，第七章的实证分析将表明，我国在1995—2010年，资本充足率监管对信贷增长无显著影响。而且即使资本充足率对信贷增长有约束力，约束力也不大。Bernanke 和 Lown（1991）发现从1990年第二季度到1991年第一季度，美国银行业期初的资本充足率增加1%，贷款增速提高2%。Hancock 和 Wilcox（1993，1994）发现在20世纪90年代早期，美国银行业实际资本充足率超过目标水平时信贷增速高，1美元超额资本能支持1.5美元贷款。Barriospide 和 Edge（2010）发现从1992年到2008年，美国银行业实际的资本充足率超过目标水平1%，贷款增速提高0.25%，1美元超额资本能支持1.86美元贷款。Osborne 和 Francis（2009）发现从1996年到2007年，英国银行业实际资本充足率超过目标水平1%，贷款增速上升0.05%。Peek 和 Rosengren（1997）发现从1988年到1994年间，日本母银行的资本充足率下降1%，在美分支机构的信贷增速下降7%。Woo（1999）发现在20世纪90年代后期，日本银行业上一年资本充足率增加1%，贷款增速提高1.8%。可以看出，除了 Peek 和 Rosengren（1997），其他研究均表明，期初资本充足率提高1%，贷款增速不超过2%。

其次，银行信贷顺经济周期变化有两个渠道。第一个是信贷供给渠道。经济向好时，企业信用状况好，贷款风险权重低，在给定资本下银行信贷供给能力强，反之则反是。Basel Ⅲ逆周期资本缓冲主要针对这个渠道。第二个是信贷需求渠道。经济向好时，资产价格高（比如不动产），企业通过资产抵押获得贷款能力强，反之则反是。第二种渠道即 Bernanke 等（1999）的"金融加速器"理论和 Kiyotaki 和 Moore（1997）的"信贷周期"理论，说明资产价格和信贷之间存在相互加强的正反馈机制。第二个渠道的关键是资产价格，但 Basel Ⅲ逆周期资本缓冲基本没有涉及。在这方面，逆周期调整贷款成数（Loan to Value Ratio，LTV）可能成为一个有效的监管工具。

通过逆周期货币政策工具能实现信贷逆周期调控目标，存在三个渠道。第一个是通过影响货币供给来影响贷款增速。第二个是通过调整基准利率来影响银行的净利差或净利息收益率以影响贷款增速（第七章的实证分析将支持这两个渠道的有效性）。第三个渠道是通过影响以房价为代表的资产价格，进而通过信贷需求渠道来影响贷款增长。徐忠、张雪春和邹传伟（2012）在宏观层面对我国房价、通货膨胀与货币政策的实证分析表明，高通货膨胀造成的负存款利率会增加对房地产的需求、推高房价，降低 M_2 增速或提高存款基准利率均能降低房价。因此，货币政策能有效应对房价大幅波动造成的信贷波动对系统性风险和金融稳定的影响。他们的研究还表明房价对通货膨胀没有显著预测能力，所以要求货币政策对房价作出反应超出保持一般物价稳定这一目标，更接近维护金融稳定目标。

总的来说，Basel Ⅲ逆周期资本缓冲不能完全满足应对信贷顺周期性的要求，而货币政策对资产价格的关注不能仅限于资产价格对通胀的影响，而要发挥逆周期信贷调控功能，同时与逆周期资本监管协调使用。这里面的关键问题是货币政策、金融稳定、金融监管的关系，在金融危机后有大量讨论，代表性文献介绍如下：

Mishkin（2011）认为，若要同时追求物价稳定、产出稳定和金融稳定三大目标，应加强货币政策与金融监管的协调。他认为物价和产出稳定不能保证金融稳定，反而可能让市场参与者低估风险或通过追求高收益而承担更多风险，造成信贷驱动的资产泡沫。

在信贷驱动的资产泡沫中，资产价格和信贷之间存在相互加强的正反馈机制，银行更关心作为贷款抵押品的资产价格的上涨，而非借款者本身的偿债能力，会放松贷款标准。当信贷驱动的资产泡沫破灭时，银行的不良贷款上升，资产负债表状况恶化，不得不紧缩信贷，进一步降低对资产的需求、打压资产价格。极端情况下，这种资产价格与金融机构稳健之间的相互作用会影响金融系统的正常运行。相比另一类资产泡沫——非理性繁荣的资产泡沫，信贷驱动的资产泡沫破灭和清理的经济成本要大得多。

但因为资产泡沫存在两种类型、很难事先判断是否存在泡沫并且利率工具应对资产泡沫不一定有效，金融危机前主流观点是货币政策不应事前应对资产泡沫（Leaning Against Asset Price Bubble），而应事后清理（Cleaning Up After the Bubble Bursts）。Mishkin（2011）提出，信贷泡沫一般与信贷驱动的资产泡沫有关，而且比资产泡沫更容易识别，比如贷款标准下降、信用风险溢价非正常地低或者信贷超常规增长等，应在事前积极应对信贷泡沫。

Mishkin（2011）认为，在应对信贷泡沫方面，金融监管的约束力不一定很强，而货币政策能有效约束信贷扩张和过度风险承担。特别是如果中央银行能可信地承诺在信贷泡沫出现时会加息，则货币政策的约束效果会通过市场参与者的预期而加强。因此，货币政策与金融稳定政策是紧密相连的。

Committee on International Economic Policy and Reform（2011）认为，金融危机前关于货币政策和金融监管的主流观点是，根据丁伯根法则，两个政策目标应分别由两个政策工具负责，货币政策负责物价稳定，金融监管负责金融稳定。从金融危机的教训看，这个观点不成立。在追求金融稳定目标中，货币政策和金融监管应协调使用。他们建议中央银行应在传统的通胀目标外，承担明确的金融稳定职能，特别要关注房地产有关的资产价格、杠杆、信贷和衍生品等。

第三节 小 结

这一章的研究表明，中央计划者可以通过对银行破产概率施加限额约束来管理银行信用风险的外部性，而该限额等价于资本充足率监管；考虑到不同银行以及不同时点上破产的外在影响参数的差异，应对不同银行以及在不同时点上采取不一样的资本充足率监管标准。这就是支持了 Basel Ⅲ 针对系统重要性金融机构的附加资本要求以及逆周期资本缓冲的经济学合理性。

进一步分析表明，Basel Ⅲ 逆周期资本缓冲有两个效果：一是在降低银行破产概率方面，相当于把资本充足率提高 1%；二是降低 Basel Ⅱ 对信贷供给约 50% 的顺周期影响。但 Basel Ⅲ 逆周期资本缓冲主要应对企业信用状况引发的信贷顺周期性，应对资产价格引发的信贷扩张的效果可能有限，应发挥货币政策的逆周期调控功能并与逆周期资本监管相协调。

第六章

针对流动性风险的宏观审慎监管

这一章研究针对银行流动性风险的宏观审慎监管，共分三节。第一节研究银行流动性风险监管的基础理论，分析了 Basel Ⅲ 流动性风险监管工具的经济学合理性，第二节讨论针对流动性风险的宏观审慎监管的可行性，第三节是小结。

本章的贡献主要是：探索了流动性风险监管的基础理论，证明了 Basel Ⅲ 流动性风险监管工具的经济学合理性并指出存在的不足，提出可以引入针对流动性风险的宏观审慎监管。

第一节 基础理论研究

一、模型设置

（一）对资产方流动性的刻画

与第五章一样，假设：银行资产方由在中央银行的存款准备金和贷款组成；存款准备金金额为 R ，准备金利率为 0 ，即中央银行不对存款准备金付息；贷款共有 n 类，其中第 i 类贷款总金额是 L_i ；违约率为随机变量 X_i ，并满足 $E(X_i) = P_i$ 。对第 i 类贷款（其他类型贷款满足类似假设），在所有贷款不违约时，银行获得 $L_i + a_i(L_i)$ ，其中 $a_i(L_i)$ 是贷款利息收益，满足 $a_i' > 0$ ， $a_i'' \leqslant 0$ （即利息收益边际递减）。在所有贷款均违约时，银行获得 $(1 - \lambda_i)L_i$ （即本金损失 $\lambda_i L_i$ ）；而在贷款的整体违约率为 X_i 时，银行获得 $(1 - X_i)[L_i + a_i(L_i)] + X_i(1 - \lambda_i)L_i$ 。

我们引入资产变现能力来刻画银行资产方的流动性（市场流动性）。资产变现能力，即资产转化为现金、在中央银行储备等能满足支付要求的一般等价物的能力。资产变现有两个要素：一是变现所花时间，二是变现造成的价值损失。一方面，在其他条件一样的情况下，允许的变现时间越长，减价抛售压力越小，越能以有利价格变现资产，变现损失越低，反之则反是。另一方面，在同样变现时间下，不同资产的变现损失不一样：存款准备金不存在变现损失；银行投资的证券可在二级市场出售，证券的二级市场流动性越好，变现损失越低；贷款在到期前，一般很难要求借款人提前偿还，几乎无法变现，只能持有至到期。但在贷款出售和证券化市场引入后，贷款也具备一定流动性（Wagner，2007）。

图6-1是资产的变现损失函数的一个演示性例子，其中贷款没有二级市场，到期前无法变现，国债的流动性好于公司债，变现损失要低一些。

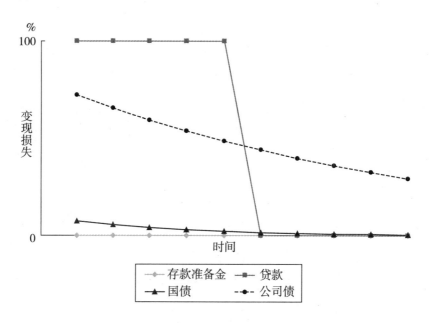

图6-1 资产的变现损失函数

综合以上讨论，用取值在 0 和 1 之间的变现损失函数 $d(t)$ 来刻画资产的流动性，等于在未来一段长度为 t 的时间内变现资产造成的损失。假设 $d(t)$ 是 t 的递减函数。为方便起见，各类资产的变现损失函数用下标来区分，其中第 i 类贷款的变现损失函数是 $d_i(t)$，存款准备金的变现损失函数是 $d_R(t) = 0$。

（二）对负债方流动性的刻画

与第五章一样，假设：银行负债方由资本和存款组成；资本金额固定在 C；存款金额为 D，利息成本为 $CD(D)$，满足 $CD' > 0$，$CD'' \geqslant 0$，即利息成本边际递增。

我们引入负债的提现要求来刻画银行负债方的流动性（融资流

动性）。负债方的提现要求，也就是存款人、银行债券持有人、交易对手等让银行以现金、在中央银行储备等一般等价物赎回相应索取权的要求。活期存款人随时都可能提现。债权人在到期时才会有提现要求。普通股股东不会有赎回要求。另外，负债方索取权是否有二级市场以及二级市场流动性高低，与融资流动性没有关系。因为二级市场交易只是让索取权在不同持有人之间转手，但将索取权持有人作为一个整体来看，并不构成对银行的赎回或提现要求。凯恩斯（1936）对此有精辟阐述："流动性崇拜的原则认为，投资机构把资金集中用于购买'具有流动性'的证券是一件好事，但是，它忘记了，对整个社会而言，却不存在投资的流动性。"

图6-2是负债的提现要求的一个演示性例子，其中：股本没有提现要求；定期存款和债券的提现要求与到期期限分布有关，随时间增长；活期存款的提现要求事前看是 [0,1] 之间的随机变量。

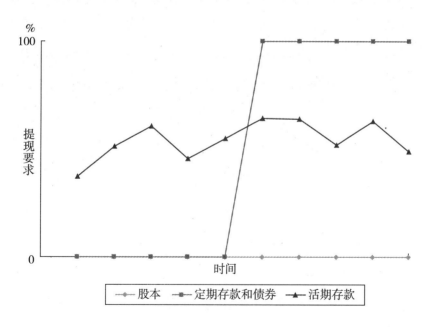

图6-2 负债的提现要求函数

综合以上讨论，用取值在 0 和 1 之间的提现函数 $w(t)$ 来刻画各类负债的融资流动性，等于在未来一段长度为 t 的时间内各类负债的提现比例。为方便起见，各类负债的提现函数用下标来区分：$w_D(t)$ 表示存款的提现比例，资本的提现比例 $w_C(t) = 0$。

在进行下一步分析前，我们对资产方的变现损失函数和负债方的提现函数做四点说明。第一，资产方的变现损失函数和负债方的提现函数反映的是从当前时点看，未来一段时间的市场流动性和融资流动性状况，是前瞻性的（Ex Ante）。第二，资产方的变现损失函数和负债方的提现函数在不同市场条件下是不一样的，而且在很大程度上受市场参与者之间互动的影响。在资产方，如果市场参与者在相近时点上都有变现需求，那么会有减价抛售的负外部性，变现损失会升高。在负债方，可能发生"银行挤兑"，当提现比例高到一定程度时，未提现的索取权持有人的理性选择就是加入提现行列，银行在负债方受到的流动性冲击会急剧升高。这方面的经典分析见 Diamond 和 Dybvig（1983）。第三，融资流动性还体现为短期债务到期后，债权人不再继续提供短期融资（即不再 Rollover）。第四，市场流动性和融资流动性之间有紧密的互动关系。比如，国债和政府机构债等市场流动性好的证券在信贷市场上是高质量的抵押品，有助于银行向中央银行和其他银行融资，即增强融资流动性。

最后，与第五章一样，银行的资产负债表满足会计恒等式：$\sum_{i=1}^{n} L_i + R = C + D$。银行利润的期望值是：$E(NI) = \sum_{i=1}^{n} \left[(1 - P_i) a_i(L_i) - P_i \lambda_i L_i \right] - CD(D)$。

二、银行流动性危机概率的计量

我们定义银行发生流动性危机的条件是，资产方变现所得无法满足负债方提现要求。接下来分三步计量银行流动性危机概率：先定义流动性缺口，再定义流动性危机时点，最后给出流动性危机概率的定义。

第一步，定义流动性缺口。根据前面假设，在未来一段长度为 t 的时间内，银行在负债方面临的提现要求是 $w_D(t) \times D$，在资产方通过变现可获得 $R + \sum_{i=1}^{n} [1 - d_i(t)] L_i$。定义流动性缺口（Liquidity Shortfall，LSF）是负债方提现要求超过资产方变现所得的部分：

$$LSF(t) = \sum_{i=1}^{n} d_i(t) L_i - [1 - w_D(t)] D - C \qquad (6-1)$$

第二步，定义流动性危机时点。参照 Li（2000）对信用风险的处理，定义流动性危机时点是流动性缺口第一次大于 0 的时刻，即

$$\tau = \inf\{t : LSF(t) > 0\} \qquad (6-2)$$

流动性危机时点是一个随机变量，属于概率论上的停时 [Stopping Time，见钱敏平、龚光鲁（1998）]。

第三步，定义流动性危机概率为在未来 t 时间内发生流动性危机的概率：

$$P(t) = \Pr(\tau \leqslant t) \qquad (6-3)$$

在实际应用中，一般考察固定时间期限（Fixed Time Horizon）内的流动性风险。比如，Basel Ⅲ 提出的流动性覆盖比率（LCR）衡量的是未来 30 天的流动性风险，净稳定融资比率（NSFR）衡量的是未来 1 年的流动性风险。所以，我们使用固定期限内的流动性危机概率。这个固定期限能够灵活取值，可以是未来 30 天，也可以是未来 1 年。为突出流动性危机概率是银行资产负债表中各变量的函数这一特征，下文统一用 $\pi(L_1, L_2, \cdots, L_n, D, C)$ 表示流动性危机概率。流动性危机概率具有一般意义，能涵盖目前常用的流动性风险指标（比如，资产和负债的期限错配程度）。

我们不计划对资产方的变现损失函数和负债方的提现函数引入更明确的假设和设置。尽管在这种情况下无法给出流动性危机的概

率的具体表达式，但仍可以对 $\pi(L_1,L_2,\cdots,L_n,D,C)$ 的数学特征进行分析，而相关分析结果能满足后文需要，具体如下：

一方面，

$$\frac{\partial LFS(t)}{\partial L_i} = d_i(t) > 0, \frac{\partial LFS(t)}{\partial D} = -[1 - w_D(t)], \frac{\partial LFS(t)}{\partial C} = -1$$

另一方面，流动性危机概率 $\pi(L_1,L_2,\cdots,L_n,D,C)$ 与 $LFS(t)$ 正相关，所以根据微分的链式法则，在其他条件一样的情况下，

$$\frac{\partial \pi}{\partial L_i} > 0, \frac{\partial \pi}{\partial D} < 0, \frac{\partial \pi}{\partial C} < 0 \qquad (6-4)$$

并且 $d_i(t)$ 越大，$\frac{\partial \pi}{\partial L_i}$ 数值越大；$w_D(t)$ 越大，$\frac{\partial \pi}{\partial D}$ 数值越小；$\frac{\partial \pi}{\partial C}$ 在数值上比 $\frac{\partial \pi}{\partial L_i}$ 和 $\frac{\partial \pi}{\partial D}$ 都大。

三、中央计划者对流动性风险的外部性的管理

假设中央计划者综合考虑银行的净利润和流动性危机的总影响，其中流动性危机的总影响为 $-NE \times \pi(L_1,L_2,\cdots,L_n,D,C)$，$NE$ 是流动性危机的外在影响参数。中央计划者的效用最大化问题是：

$$\max_{L_1,L_2,\cdots,L_n,D} \sum_{i=1}^{n} [(1-P_i)a_i(L_i) - P_i\lambda_i L_i] - CD(D)$$
$$- NE \times \pi(L_1,L_2,\cdots,L_n,D,C)$$
$$s.t. \sum_{i=1}^{n} L_i - C - D \leqslant 0 \qquad (6-5)$$

用 $L_1^*,L_2^*,\cdots,L_n^*,D^*$ 表示中央计划者合意的银行行为，$\pi^* = \pi(L_1^*,L_2^*,\cdots,L_n^*,D^*,C)$ 表示中央计划者对银行流动性危机概率的容忍程度。定理 6-1 说明，中央计划者合意的银行信贷供给可以通过对银行施加线性的流动性约束来实现。

定理 6-1 中央计划者合意的银行行为可以通过对银行施加线

性的流动性约束 $\sum_{i=1}^{n}\beta_i L_i \leqslant \beta_D D + \beta_C C$ 来实现，其中各参数满足：

$$\beta_i = \frac{\partial \pi}{\partial L_i}|_{(L_1^*,L_2^*,\cdots,L_n^*,D^*,C)}, \beta_D = -\frac{\partial \pi}{\partial D}|_{(L_1^*,L_2^*,\cdots,L_n^*,D^*,C)}, \beta_C = -\frac{\partial \pi}{\partial C}|$$

$_{(L_1^*,L_2^*,\cdots,L_n^*,D^*,C)}$。并且 $\beta_i, \beta_D, \beta_C$ 均为正数，β_i 是 $d_i(t)$ 的增函数，β_D 是 $w_D(t)$ 的减函数，β_C 在数值上比 β_i 和 β_D 都大。

四、Basel Ⅲ 流动性风险监管工具的经济学合理性分析

接下来根据定理 6-1 分析 Basel Ⅲ 流动性风险监管工作的经济学合理性。

第二章已初步介绍 Basel Ⅲ 引入的两个流动性风险监管指标。流动性覆盖比率（LCR）要求：优质流动性资产储备/未来 30 日的资金净流出量 ≥ 100%。优质流动性资产储备包括现金；中央银行准备金，国债和政府机构债券。如果要包括公司债券，需要打一个折扣（haircut）。未来 30 日的资金净流出量约等于各负债项目余额与预设的流失率的乘积之和，其中稳定存款使用 7.5% 或更高的流失率，不稳定存款使用 15% 或更高的流失率。

净稳定融资比率（NSFR）要求：可用的稳定资金/业务所需的稳定资金 ≥ 100%。可用的稳定资金包括：资本；期限超过 1 年的优先股，期限超过 1 年的债务，期限超过 1 年的存款，并按稳定程度从低到高依次赋予 50%、70% 和 85% 的权重。业务所需的稳定资金约等于各资产项目与稳定资金需求系数的乘积，资产流动性越强、越容易变现的资产，稳定资金需求系数越低。

这两个流动性风险监管指标有如下特点：一是在形式上都涉及资产方的线性函数（分别是优质流动性资产储备、业务所需的稳定资金）与负债方的线性函数（分别是未来 30 日的资金净流出量、可用的稳定资金）的比较问题。二是在优质流动性资产储备、业务

所需的稳定资金中，各类资产的系数都与资产的市场流动性有关。资产流动性越高，优质流动性资产储备中的系数越高，而业务所需的稳定资金中的系数越低。三是在未来 30 日的资金净流出量、可用的稳定资金中，各类负债的系数都与负债的融资流动性有关。负债越稳定，未来 30 日的资金净流出量中的系数越低，可用的稳定资金中的系数越高。尽管 BCBS（2009b）对这两个流动性风险监管指标以及其中各类资产和负债的系数有详细规定，但没有像资本充足率那样明确说明：这两个流动性风险监管指标的具体内涵是什么？各类资产和负债在指标中的系数是如何确定的？定理 6 - 1 为回答这两个问题提供了依据。

首先，Basel Ⅲ 流动性覆盖比率和净稳定融资比率经济学上有合理性，两个指标都符合前述 $\sum_{i=1}^{n} \beta_i L_i \leq \beta_D D + \beta_C C$ 的形式，并且其中各资产和负债的系数在大方向上是正确的。

在流动性覆盖比率方面，$\sum_{i=1}^{n} \beta_i L_i \leq \beta_D D + \beta_C C$ 根据会计恒等式可等价表述为 $R + \sum_{i=1}^{n} (1 - \frac{\beta_i}{\beta_C}) L_i \geq (1 - \frac{\beta_D}{\beta_C}) D$。不等号左边相当于优质流动性资产储备。存款准备金的权重为 100%。第 i 类贷款的权重为 $1 - \frac{\beta_i}{\beta_C}$，打了 $\frac{\beta_i}{\beta_C}$ 的折扣，而且贷款流动性越差（$d_i(t)$ 越大，此时 β_i 越大），折扣越高。不等号右边相当于未来 30 日的资金净流出量。存款权重等于 $1 - \frac{\beta_D}{\beta_C}$，相当于流失率，存款越不稳定 [$w_D(t)$ 越大，此时 β_D 越小]，流失率越高。

在净稳定融资比率方面，$\sum_{i=1}^{n} \beta_i L_i \leq \beta_D D + \beta_C C$ 可等价表述为 $\frac{\beta_D}{\beta_C} D + C \geq \sum_{i=1}^{n} \frac{\beta_i}{\beta_C} L_i$。不等号左边相当于可用的稳定资金。资本的

权重最高。存款的权重为 $\dfrac{\beta_D}{\beta_C}$，存款越不稳定 $[w_D(t)$ 越大，此时 β_D 越小 $]$，权重越低。不等号右边相当于业务所需的稳定融资。第 i 类贷款的权重为 $\dfrac{\beta_i}{\beta_C}$，贷款流动性越差 $[d_i(t)$ 越大，此时 β_i 越大 $]$，权重越高。存款准备金的权重为 0。

其次，Basel Ⅲ 流动性覆盖比率和净稳定融资比率中的参数设置应满足一定条件。定理 6-1 说明，$\beta_i = \dfrac{\partial \pi}{\partial L_i}$，$\beta_D = -\dfrac{\partial \pi}{\partial D}$，$\beta_C = -\dfrac{\partial \pi}{\partial C}$，也就是 $\beta_i, \beta_D, \beta_C$ 等参数在数值上应等于相应资产负债表项目对流动性危机概率的边际贡献，即有一定内在联系和约束。从这个意义上讲，目前 Basel Ⅲ 流动性覆盖比率和净稳定融资比率中的参数设置更像是遵循"大拇指法则"（Rule of Thumb），有待检验。

第二节 针对流动性风险的宏观
审慎监管的可行性分析

定理 6-2 $\dfrac{\partial \pi^*}{\partial NE} < 0$。

定理 6-2 说明，在其他条件一样的情况下，流动性危机的外在影响越大，中央计划者能容忍的流动性危机概率越低。这样根据定理 6-1，β_i，β_D，β_C 等参数也应随之调整。这相当于调整 LCR 或 NSFR 的最低监管要求。

鉴于第四章已经指出，流动性危机的外在影响参数在不同机构之间和不同时点上有差异，定理 6-2 为引入宏观审慎的流动性风险监管提供了理论支持。

首先，在跨机构维度，对系统重要性银行，应该根据其对系统性流动性风险的贡献实施更严格的流动性监管标准，相应提高 LCR 和 NSFR 的最低监管要求（比如高于100%）。

其次，在时间维度，在经济上行期，应实施更严格的流动性监管标准，适当提高 LCR 和 NSFR 的最低监管要求（比如高于100%）；而在经济下行期，应实施较为宽松的流动性监管标准，适当降低 LCR 和 NSFR 的最低监管要求（比如低于100%）。这样，从整个经济周期平均看，银行流动性危机概率被控制在一个审慎水平，但能降低流动性监管对信贷供给的顺周期影响。

2013 年1月，巴塞尔委员会宣布（BCBS，2013），在压力情景下，银行的 LCR 可以降到最低监管要求之下，实际上就是引入了逆周期的 LCR 监管。

第三节　小　结

本章首先研究了银行流动性风险监管的基础理论，证明了中央计划者可以通过线性的流动性约束来管理银行流动性风险的外部性，并且在 Basel Ⅲ 流动性风险监管工具（LCR 和 NSFR）中，如果各监管参数均等于相应资产负债表项目对流动性危机概率的边际贡献，那么就与线性的流动性约束等价。因此，本章从经济学上证明了 Basel Ⅲ 流动性风险监管工具的合理性，同时也提出了监管参数设置应满足的条件。本章还分析了引入针对流动性风险的宏观审慎监管的可行性，认为应该在 LCR 和 NSFR 中引入宏观审慎监管因素：在跨机构维度，对系统重要性银行，应根据其对系统性流动性风险的贡献，相应提高 LCR 和 NSFR 的最低监管要求；在时间维度应引入逆周期的流动性风险监管，LCR 和 NSFR 的最低监管要求应在经济上行期提高，在经济下行期降低。

需要指出的是，本章对银行流动性风险监管的基础理论是一个初步探索。下一步，应对资产方的变现损失函数和负债方的提现函数进行深入研究，在合理的模型假设下给出流动性危机概率的显式表达式（Explicit Formula），以方便对相关理论问题的研究。

第七章

针对信贷供给量的宏观审慎监管

这一章研究针对银行信贷供给量的宏观审慎监管，共分三节。第一节是基础理论研究，讨论了差别存款准备金动态调整的经济学合理性。第二节使用中国宏观经济和银行业数据，评估了差别存款准备金动态调整的效果。第三节是小结。

　　本章的贡献主要是：从理论上证明了差别存款准备金动态调整的经济学合理性，但基于实证分析认为，差别准备金动态调整对信贷的调控作用有限。

第一节　基础理论研究

一、模型设置

与第五章一样，假设：银行资产方由在中央银行的存款准备金和贷款组成；存款准备金金额为 R，准备金利率为 0，即中央银行不对存款准备金付息；贷款共有 n 类，其中第 i 类贷款总金额是 L_i，违约率为随机变量 X_i，并满足 $E(X_i) = P_i$；对第 i 类贷款（其他类型贷款满足类似假设），在所有贷款不违约时，银行获得 $L_i + a_i(L_i)$，其中 $a_i(L_i)$ 是贷款利息收益，满足 $a_i' > 0$，$a_i'' \leqslant 0$（即利息收益边际递减）；在所有贷款均违约时，银行获得 $(1 - \lambda_i)L_i$（即本金损失 $\lambda_i L_i$）；而在贷款的整体违约率为 X_i 时，银行获得 $(1 - X_i)[L_i + a_i(L_i)] + X_i(1 - \lambda_i)L_i$。

对银行负债方的假设是：银行负债方由资本和存款组成；资本金额固定在 C；存款金额为 D，利息成本为 $CD(D)$，满足 $CD' > 0$，$CD'' \geqslant 0$，即利息成本边际递增。

最后，与第五章一样，银行的资产负债表满足会计恒等式 $\sum\limits_{i=1}^{n} L_i + R = C + D$，银行利润的期望值是 $E(NI) = \sum\limits_{i=1}^{n} [(1 - P_i)a_i(L_i) - P_i\lambda_i L_i] - CD(D)$。

二、中央计划者对信贷供给量的外部性的管理

假设中央计划者综合考虑银行的净利润和信贷供给量对货币、

物价和经济增长的总影响，其中信贷供给量对货币、物价和经济增长的总影响为 $- NE \times \sum_{i=1}^{n} L_i$，$NE$ 是一单位信贷供给的外在影响参数。需要说明的是，本章的基础理论研究（核心是定理 7 - 1 和定理 7 - 2）对 $NE > 0$（负外部性）和 $NE < 0$（正外部性）两种情形均适用。

中央计划者的效用最大化问题是：

$$\max_{L_1, L_2, \cdots, L_n, D} \quad \sum_{i=1}^{n} \left[(1 - P_i) a_i(L_i) - P_i \lambda_i L_i \right] - CD(D) - NE \times \sum_{i=1}^{n} L_i$$

$$s.t. \qquad \sum_{i=1}^{n} L_i - C - D \leq 0$$

$$(7 - 1)$$

定理 7 - 1　$\dfrac{\partial L_i}{\partial NE} < 0, i = 1, 2, \cdots, n$，即在其他条件一样的情况下，外在影响参数越大，各类信贷供给越少，银行的信贷供给总量也越低。

三、差别准备金动态调整的经济学合理性分析

假设法定存款准备金率是 r，则存款准备金率约束是 $R \geq r \times D$，等价为 $\sum_{i=1}^{n} L_i - C - (1 - r)D \leq 0$。存款准备金率约束下，银行期望利润最大化问题是：

$$\max_{L_1, L_2, \cdots, L_n, D} \quad \sum_{i=1}^{n} \left[(1 - P_i) a_i(L_i) - P_i \lambda_i L_i \right] - CD(D)$$

$$(7 - 2)$$

$$s.t. \qquad \sum_{i=1}^{n} L_i - C - (1 - r)D \leq 0$$

定理 7 - 2　中央计划者合意的信贷供给可以通过对银行施加存款准备金率约束来实现，并且存款准备金率 r 满足 $\frac{\partial r}{\partial NE} > 0$，即信贷供给的外在影响参数 NE 越大，存款准备金率越高。

定理 7 - 2 支持了差别准备金动态调整的经济学合理性。在差别准备金动态调整公式中［即公式（2 - 1）］，稳健性调整系数 α_i 主要目标是形成正向激励，制约资本充足率不高、资产质量不高、流动性状况不好、杠杆较高或执行信贷政策不力的银行的信贷扩张速度，真正体现宏观审慎监管要求的是目标资本充足率［即公式（2 - 2），特别是 β_i 参数］。而目标资本充足率的设置与定理 7 - 2 相符，理由如下：

如果根据全部贷款/GDP 比率偏离长期趋势值的程度算出的宏观经济热度较高，或者银行对整体信贷偏离的贡献较大，那么应提高逆周期资本缓冲，从而在其他条件一样的情况下，应实施更严格的存款准备金率约束。这对应着定理 7 - 2 中外在影响参数 NE 较大的情形。根据类似逻辑，宏观经济热度较低或者银行对整体信贷偏离的贡献较小时，应实施较为宽松的存款准备金率约束，对应着定理 7 - 2 中外在影响参数 NE 较小的情形。

第二节　对差别准备金动态调整的效果的评估

一、研究方法

　　评估差别准备金动态调整的效果的主要难度在于差别准备金动态调整实施的时间不长，而且中国人民银行对各银行设定的差别准备金目标不对外公布。因此，我们转而研究一个更具一般性的问题：从历史数据看，存款准备金率对我国银行业的信贷增长影响如何？如果在控制其他因素的情况下，存款准备金率对我国银行业的信贷增长有显著约束效果，那么通过差别化、动态化调整存款准备金率能提高信贷调控的针对性和有效性。反之，如果历史情况表明存款准备金率对我国银行业的信贷增长没有显著约束效果，那么差别准备金动态调整的效果就有限。

　　目前国内外有大量文献从实证角度研究了银行信贷增长的影响因素，主要分成三类。第一类是信贷供给方因素，包括银行资产负债表状况和受到的监管约束。特别是，资本充足率约束对信贷增长的影响一直是研究热点。存款准备金率也属于信贷供给方因素。第二类是信贷需求方因素，包括贷款企业的盈利能力和信用状况。第三类是宏观经济因素，包括经济增长、通货膨胀率和货币政策等。

　　在我国银行业信贷增长的实证研究方面，夏斌等（2003）使用1994年到2002年我国16家主要银行的数据发现，不良贷款是制约贷款增长的一个重要因素，不良贷款率下降1%，贷款增速上升1.4%；我国银行体系对利差敏感，在存款利率不变的情况下，贷款利率向均衡水平移动 1%，贷款投放将变动 3%。刘斌（2005）使用我国 16 家主要银行从 1998 年第一季度到 2005 年第一季度的数据发现，资本约束对不同银行贷款增长的影响程度不同，特别对资本相对不足的银行，资本约束对贷款的影响程度较大。赵锡军、王胜邦（2007）对 1995—2003 年间资本约束对我国 8 家主要银行的信贷扩张的影响进行了实证分析，发现最低资本要求未对贷款增长产生约束效用。银行信贷扩张主要受制于存款增速、利率水平和经济增长速度。存款增速上升 1%，贷款增速上升 0.72%。利率上升 1%，贷款增速下降 2.25%。GDP 增速上升 1%，贷款增速上升 4.07%。曾刚等（2011）对我国 16 家商业银行 2004 年第一季度到 2010 年第四季度的实证分析发现，银行资本充足率水平对贷款行为产生了显著影响，但这一影响存在一定滞后期。他们还发现上一个季度 GDP 增长率越低，下一季度贷款增长率反而越高。

综合以上分析，为准确评估存款准备金率对我国银行业信贷增长的影响，应控制住信贷供给、信贷需求和宏观经济方面的影响因素。结合数据可获得性，本章的控制变量主要分为四类。

第一类控制变量是资产充足程度。资本充足程度可以用资本充足率、一级资本充足率、杠杆率（股东权益/资产比率）、有形普通股权益/有形资产比率（有形普通股权益大致等于股本权益扣除优先股和商誉，这个比率在金融危机期间非常受重视）等四个指标来衡量。因为短时间内银行难以补充资本，我们预期在面临同样的资本充足率约束时，上一年资本更充足的银行能支持更快的贷款增长。

第二类控制变量是存款增速。因为存款是银行最主要的融资来源，预期存款增长越快，贷款增长越快。

第三类控制变量与贷款有关，包括贷存比、不良贷款率和净利差。贷存比是一个上限约束（银行必须将贷存比控制在一定水平下），我们预期贷存比更低的银行能支持更快的贷款增长。不良贷款率越高，说明企业信用状况差，银行应减少贷款供给。净利差越大，银行贷款供给应越多。

第四类是宏观经济因素，包括 GDP 增长率和 M_2 增长率。预期在经济增速较快或货币较宽松时，银行贷款增长较快。

二、对数据、变量和计量模型的说明

与第五章一样，本章使用的银行业数据也来自全球权威的银行业数据库——Bankscope 数据库，使用 Bankscope 数据库提供的 Universal Bank Model 标准模板。我们按如下方法从 Bankscope 下载了中国银行业数据样本（见表 7 - 1）：先选择 2009 年总资产排前 150 家的商业银行，然后剔除了数据较少的 3 家，剩下 147 家，最后从 Bankscope 下载了这 147 家商业银行从 1995 年至 2010 年共 16 年的财务报表。这 147 家商业银行包括国有商业银行、股份制银行、城市商业银行和外资银行等，涵盖了我国银行业的主体。在年度分布方面，因为不是每家银行在所有年份都有数据，数据样本在年份间分布不是很均匀，主要集中在 2003 年至 2010 年，所以样本具有非平衡面板数据的特征。

表 7 - 1 　　　　　　Bankscope 中国银行业样本特征

年份	样本数	占比（%）	累计占比（%）
1995	10	1.3	1.3
1996	10	1.3	2.6
1997	13	1.69	4.29
1998	14	1.82	6.11
1999	18	2.34	8.45
2000	24	3.12	11.57

年份	样本数	占比（%）	累计占比（%）
2001	21	2.73	14.3
2002	34	4.42	18.73
2003	42	5.46	24.19
2004	53	6.89	31.08
2005	71	9.23	40.31
2006	89	11.57	51.89
2007	111	14.43	66.32
2008	109	14.17	80.49
2009	107	13.91	94.41
2010	43	5.59	100
总计	769	100	100

我们使用的中国宏观经济数据来自业界常用的 Wind 数据库，包括存款准备金率、存款基准利率、贷款基准利率、GDP 同比增长率和 M_2 同比增长率。如果中国人民银行在一年中调整了存款准备金率、存款基准利率或贷款基准利率，按调整生效的时间进行加权平均。实证分析使用的各变量见表 7-2。

表 7-2   变量说明

变量分类	变量名称	变量标志	预期对贷款增速的影响	单位	变量说明和数据来源
被解释变量					
贷款供给	贷款增速	LoanGrowth		%	贷款同比增速，由 Bankscope 提供。
解释变量					
存款准备金率约束	存款准备金率	RRR	-	%	中国人民银行对大银行的存款准备金率，由 Wind 提供。如果一年中有调整，则根据生效时间进行加权平均。

变量分类	变量名称	变量标志	预期对贷款增速的影响	单位	变量说明和数据来源
控制变量					
资本充足程度	资本充足率	CAR（-1）	+	%	上一年的资本充足率，等于资本与风险加权资产之比，由 Bankscope 提供。
	一级资本充足率	Tier1 CAR（-1）	+	%	上一年的一级资本充足率，等于一级资本与风险加权资产之比，由 Bankscope 提供。
	杠杆率	Equity/Asset（-1）	+	%	上一年的杠杆率，等于股东权益除以资产，由 Bankscope 提供。
	有形普通股权益/有形资产比率	TCE/TA（-1）	+	%	上一年的有形普通股权益与有形资产之比，由 Bankscope 提供。
存款相关变量	存款增速	DepositGrowth	+	%	存款同比增速，根据 Bankscope 数据计算。
贷款相关变量	贷存比	Loan/Deposit（-1）	-	%	上一年贷款与存款之比，由 Bankscope 提供。
	不良贷款率	NPLRatio	-	%	不良贷款占贷款的比例，由 Bankscope 提供。
	净利差	NIS	+	%	中国人民银行制定的一至三年期贷款基准利率减去一年期定期存款基准利率，由 Wind 提供，如果一年中进行了调整，根据生效时间进行加权平均。
宏观经济因素	GDP 增长率	GDPGrowth	+	%	GDP 同比增速，由 Wind 提供。
	M_2 增长率	M_2 Growth	+	%	M_2 同比增速，由 Wind 提供。

我们使用四个面板模型：

$$LoanGrowth_{i,t} = RRR_t + CAR_{i,t-1} + DepositGrowth_{i,t}$$

$$+ Loan/Deposit_{i,t-1} + NPLRatio_{i,t} + NIS_t$$
$$+ GDPGrowth_t + M_2Growth_t + u_{i,t}$$

$$LoanGrowth_{i,t} = RRR_t + Tier1CAR_{i,t-1} + DepositGrowth_{i,t}$$
$$+ Loan/Deposit_{i,t-1} + NPLRatio_{i,t}$$
$$+ NIS_t + GDPGrowth_t + M_2Growth_t + u_{i,t}$$

$$LoanGrowth_{i,t} = RRR_t + Equity/Asset_{i,t-1} + DepositGrowth_{i,t}$$
$$+ Loan/Deposit_{i,t-1} + NPLRatio_{i,t} + NIS_t$$
$$+ GDPGrowth_t + M_2Growth_t + u_{i,t}$$

$$LoanGrowth_{i,t} = RRR_t + TCE/TA_{i,t-1} + DepositGrowth_{i,t}$$
$$+ Loan/Deposit_{i,t-1} + NPLRatio_{i,t} + NIS_t$$
$$+ GDPGrowth_t + M_2Growth_t + u_{i,t}$$

其中，下标 i 表示第 i 家银行，下标 t 表示第 t 年，$u_{i,t}$ 是误差项。需要说明的是，存款准备金率（RRR）、净利差（NIS）、GDP 增速（GDPGrowth）和 M_2 增长率（M_2Growth）为宏观经济变量，在同一年份对所有银行是一样的。

在面板模型设定上，我们进行了 Hausman 检验。四个面板模型的 Hausman 统计量分别是 58.09、243.23、35.45 和 34.11，在 1% 置信水平下均支持固定效应模型（Fixed Effect）。所以，下文只报告固定效应模型回归结果。

三、计量分析结果

表 7-3 对实证分析使用的变量进行了描述统计。从 1995 年到 2010 年，中国银行业的贷款增长率平均是 25.64%，存款准备金率平均是 11.04%，资本充足率平均是 12.31%，一级资本充足率平均是 10.89%，杠杆率平均是 7.22%，有形普通股权益与有形资产比

率平均是 6.95%，存款增长率平均是 28.92%，贷存比平均是 91.32%，不良贷款率平均是 4.25%，净利差平均是 3.44%，GDP 增长率平均是 10.66%，M_2 增长率平均是 18.75%。

表 7 - 3　　　　　　　　　　　　描述统计

变量	样本数	平均值	标准差	最小值	中位数	最大值	与 LoanGrowth 的相关系数
LoanGrowth	629	25.64	32.76	−48.00	22.00	477.00	1.00
RRR	769	11.04	4.02	6.00	11.34	16.84	0.03
CAR（−1）	397	12.31	8.60	−2.00	11.00	73.00	0.11
Tier1 CAR（−1）	324	10.89	8.34	−2.00	9.00	72.00	0.11
Equity/Asset（−1）	617	7.22	6.79	−12.00	5.00	59.00	0.15
TCE/TA（−1）	618	6.95	7.00	−14.00	5.00	59.00	0.15
DepositGrowth	618	28.92	26.22	−58.80	24.24	262.03	0.55
Loan/Deposit（−1）	608	91.32	86.42	24.00	70.00	928.00	−0.08
NPLRatio	522	4.25	8.65	0.00	2.00	100.00	−0.08
NIS	769	3.44	0.25	2.25	3.51	3.69	−0.10
GDPGrowth	769	10.66	1.91	7.60	10.00	14.20	−0.12
M_2 Growth	769	18.75	4.21	13.99	17.57	29.50	0.21

表 7 - 4 报告了面板数据回归结果，四个面板模型在整体上都高度显著。

表 7 - 4　　　　　　　　　　面板模型回归结果

	1	2	3	4
常数项	−113.61** (46.68)	−81.53* (44.93)	−89.08* (49.91)	−89.23* (49.92)
RRR	−0.42 (0.45)	−0.53 (0.45)	−0.25 (0.46)	−0.23 (0.46)
CAR（−1）	0.28 (0.28)			

	1	2	3	4
Tier1CAR（-1）		0.39		
		(0.32)		
Equity/Asset（-1）			0.37	
			(0.42)	
TCE/TA（-1）				0.21
				(0.37)
DepositGrowth	0.45***	0.50***	0.45***	0.46***
	(0.07)	(0.08)	(0.05)	(0.05)
Loan/Deposit（-1）	0.06***	0.08***	0.03*	0.04*
	(0.02)	(0.02)	(0.02)	(0.02)
NPLRatio	-0.61	-0.82*	-0.10	-0.11
	(0.43)	(0.45)	(0.18)	(0.17)
NIS	37.13***	26.91**	27.12*	27.40*
	(13.39)	(12.78)	(14.25)	(14.25)
GDPGrowth	-2.67***	-2.22**	-1.53	-1.56
	(0.92)	(0.89)	(0.97)	(0.97)
M_2Growth	1.37***	1.16***	1.18***	1.18***
	(0.29)	(0.27)	(0.34)	(0.34)
样本数	345	295	431	432
银行数	111	105	127	127
组内 R^2	40%	37%	32%	32%
组间 R^2	21%	18%	21%	23%
整体 R^2	25%	17%	26%	27%
P 值	0.0000	·0.0000	0.0000	0.0000

注：1. ***、**、*分别表示在1%、5%、10%置信水平下显著。

2. 括号中数字为各系数估计的标准差。

第一，在控制其他变量后，1995 年到 2010 年间我国存款准备金率约束对信贷增长缺乏显著影响。尽管在四个面板模型中，存款准备金率的系数估计均小于 0（即存款准备金率越高，贷款增速越低），但系数估计不显著。

第二，存款增速和 M_2 增速对信贷增速有显著的正影响。在四个面板模型中，存款增速和 M_2 增速均在 1% 置信水平下显著大于 0。存款增速提高 1%，信贷增速提高 0.45% ~ 0.50%。M_2 增速提高 1%，信贷增速提高 1.16% ~ 1.37%。这与赵锡军、王胜邦（2007）的结论一致。

第三，净利差对贷款增长有显著的正影响。在四个面板模型中，净利差的系数估计均显著大于 0。净利差提高 1%，贷款增速提高 26.91% ~ 37.13%。这与夏斌等（2003）以及赵锡军、王胜邦（2007）的结论相符。

第四，资本充足程度对贷款增长缺乏明显约束。尽管四个资本充足指标的系数估计均大于 0（即上一年的资本越充足，贷款增速越高），但所有系数估计均不显著。这与赵锡军、王胜邦（2007）的结论一致。

第五，银行倾向于在不良贷款率高的时候降低贷款增速，但这种效应并不明显。尽管不良贷款率的系数估计均小于 0，但只在第二个面板模型中显著。这与夏斌等（2003）的结论相符。

第六，中国银行业的信贷供给在一定程度上具有逆周期特征，即 GDP 增速高时贷款增速低，GDP 增速低时贷款增速高。GDP 增速的系数估计在所有四个面板模型中均小于 0，且在前两个面板模型显著，GDP 增速提高 1%，贷款增速下降 2.22% ~ 2.67%。这种情况与中国银行业以国有银行为主体以及政府对银行信贷供给影响力较高有关。

因此，从 1995 年至 2010 年，我国银行业的信贷增速主要受存款增速、M_2 增速、净利差等因素影响；而在控制住存款增速、M_2 增速后，存款准备金率没有对信贷增速产生显著影响。对此结果，我们提出如下解释。

存款准备金率主要通过两个渠道影响银行信贷增速。第一个渠道是，存款准备金率作为数量型货币政策工具，通过对 M_2 增速、存款增速的影响来约束银行信贷增速。第二个渠道是，存款准备金率作为银行资产负债表中的重要变量，影响银行的"可贷资金"规模，从而影响信贷增速。

除了个别年份外，存款准备金一直是人民银行最重要的货币对冲工具（见图 7-1），特别在 2003 年后外汇占款快速增长的背景下，周小川行长的"池子论"即由此而发。从实际情况看，存款准备金率对货币增速（包括 M_2 增速、存款增速）的约束毋庸置疑。因此，结合本章实证分析结果，存款准备金率对银行信贷增速的约束，以第一个渠道为主，第二个渠道不显著。这样，在宏观的流动性背景下，通过差异化存款准备金率来调控银行信贷增速，效果不会很明显。如果这一规律在未来仍成立，预计差别准备金动态调整

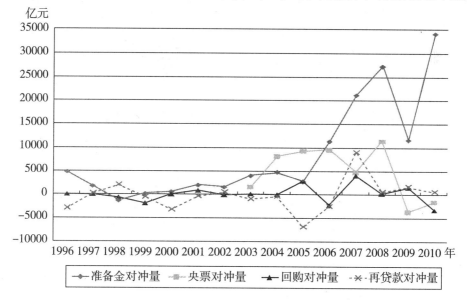

资料来源：人民银行 2012 年重点课题《基于流动性管理主动视角的货币政策转型研究》。

图 7-1　人民银行的货币对冲量

对信贷的调控作用是有限的。

不仅如此，因为影子银行体系也能参与货币创造，却不受存款准备金率约束，所以随着影子银行体系发展，存款准备金率对货币供应总量的约束力会减弱。周小川（2011）指出："部分'影子银行'可能会像商业银行一样具有货币创造的功能，并参与货币乘数的放大过程，为此还要引起中央银行货币政策的关注，并考虑新情况下货币政策传导机制的变化。"在这种情况下，存款准备金率影响银行信贷增速的第一个渠道也会弱化，从而进一步削弱差别准备金动态调整对信贷的调控作用。

第三节　小　结

　　本章研究针对银行信贷供给量的宏观审慎监管。我们证明了中央计划者可以通过存款准备金约束来管理银行信贷供给对货币、物价和经济增长的外部性，从理论上支持了差别准备金率动态调整的经济学合理性。但对 1995 年至 2010 年我国银行业的实证分析表明，存款准备金率对信贷增速没有显著影响，如果这一情况在未来也成立，那么差别准备金动态调整对信贷的调控作用将是有限的。

中国金融四十人·青年书系
CHINA FINANCE 40 FORUM–YOUTH ECONOMIST BOOKS

第八章

金融安全网和资本质量的宏观
审慎监管功能

根据第二章，对系统重要性金融机构的应对措施包括事前限制其存在、事中提高监管标准、建立事后处置机制。在本章之前，第四章讨论了如何计量金融机构对系统性风险的贡献，第五章和第六章讨论了对系统重要性金融机构提高资本充足率和流动性风险监管标准，相当于研究事中提高监管标准。

　　本章主要研究在系统重要性金融机构即将或已经发生流动性危机或破产的情况下，政府能采取何种措施，以一定成本为代价，来减少流动性危机或破产的可能性和外在影响，也就是金融安全网措施或通常所说的救助措施。对金融安全网措施，本章研究了它们的宏观审慎监管功能以及相关成本。本章还讨论了资本质量与金融安全网在宏观审慎监管功能上的等价之处。

　　本章研究的问题的重要性在于，尽管更严格的流动性风险监管、更高的资本充足率能在事前降低系统重要性金融机构流动性危机或破产的可能性。但在系统重要性金融机构即将或已经发生流动性危机或破产的情况下，流动性风险监管或资本充足率都不是有效的危机处置工具。在这种情况下，金融安全网和资本质量的作用会更明显。

　　我们可以把金融系统设想成电网，系统性风险就好比电网发生崩溃。资本充足率和流动性风险监管相当于让电网中每一条电路、每一处变电站都使用高质量的硬件设施，这样从事前看会增加电网的稳健性。但电网中局部出问题不可避免，为防止局部性问题向全局扩散，我们还需要电网监控、查错和问题排除机制——相当于金融安全网，也需要电网本身就有容错机制（比如备用的电源、线路等）——相当于资本质量的作用。

　　本章共分六节。第一节说明研究方法，第二节分析政府对金融机构的流动性支持措施的宏观审慎监管功能，第三节分析政府与金融机构的损失分担计划的宏观审慎监管功能，第四节分析资本质量的宏观审慎监管功能，第五节分析金融安全网和资本质量在宏观审慎监管功能上的等价关系，第六节是小结。

本章的贡献主要是：系统地整理了金融危机后金融安全网和资本质量方面的主要措施，分析了它们的宏观审慎监管功能，指出资本质量相当于用私人部门资源起到金融安全网的作用。

银行宏观审慎监管的基础理论研究

第一节　研究方法

　　本章的研究方法以案例实证和金融工程分析为主，分别说明如下：

　　在金融安全网的案例方面，我们重点关注美国政府在 2007 年 12 月到 2009 年 12 月间出台的一系列措施。这些措施有很多创新处，从事后看很好地促进了金融稳定，而且相关信息披露非常充分。美国财政部、美联储和 FDIC 作为救助措施的实施部门，在各自网站上均详细披露了相关救助措施的主要条款以及具体实施情况。受救助的金融机构很多是上市公司，均向美国证监会提交了与救助有关报表。美国审计总署（Government Accountability Office）和专门针对问题资产援助计划的特别总检察长（SIGTARP）作为救助措施的监督者，发布了不少关于救助措施细节和效果的独立报告。美国政府 2009 年成立了金融危机调查委员会（Financial Crisis Inquiry Commision），调查这次金融危机的成因。该委员会从 2009 年 10 月到 2010 年 9 月进行了大量听证和调查工作，2011 年 1 月提交了最终报告 *The Financial Crisis Inquiry Report*，还原了金融危机期间很多重大事件和措施出台细节。以上这些因素便利了案例收集和整理工作，使我们能找到大量关于美国政府救助措施的第一手资料。在资本质量的案例方面，应急资本和自救债券在欧洲已被写入监管文件，并已被几家金融机构付诸实践，我们也找到了相关可信资料。

　　在分析金融安全网的宏观审慎监管功能时，我们提出将金融安全网措施分成两类。第一类是政府对金融机构的流动性支持措施

（Liquidity Support Schemes），主要改善金融机构的流动性状况，对清偿能力影响不大。第二类是政府与银行的损失分担计划（Loss Sharing Schemes），能提高金融机构的清偿能力。对第二类措施，按作用在金融机构资产负债表上的位置，可分成资产方、负债方和股东权益方三方面措施。对这些措施，我们讨论了它们对破产概率（即信用风险的内在规模）和存款的违约后损失（即信用风险的外在影响，下文会说明为何选用存款的违约后损失这一角度）。我们将指出，有的措施主要是在持续经营条件下降低违约概率，有的主要是在非持续经营条件下降低违约后损失。

在分析资本质量的宏观审慎监管功能时，我们以资本吸收损失的能力为抓手。根据 UK FSA（2007），资本质量的主要特征是吸收损失的能力（Loss Absorbency）。细分为两种：在持续经营条件下吸收损失的能力，在破产条件下吸收损失的能力。我们将指出，资本在持续经营条件下吸收损失，主要指降低违约概率；资本在破产条件下吸收损失，主要指降低违约后损失。这样就揭示了资本质量与金融安全网在宏观审慎监管功能上的等价之处。

在正式讨论前，我们先建立一个简单的银行资本结构模型，在没有金融安全网以及银行负债只包括存款和普通债券的情景下，给出银行违约概率和违约后损失的表达式，作为研究金融安全网和资本质量的比较基准。

考虑一个两期模型，假设第一期银行的资产为 A，资产收益率为随机变量 R_A。负债方按优先级从高到低由存款、债券和普通股组成。存款为 D，存款利率为 R_D，R_D 事先确定。债券为 B，债券票息率为 R_B，R_B 也事先确定。普通股为 C。会计恒等式 $A = D + B + C$ 成立。在第二期，随机变量 R_A 的取值被实现，资产变化为 $\Delta A = A \times R_A$。负债方按优先级依次享有对资产的索取权，具体如下：

当 $\Delta A \geqslant -(C - B \times R_B - D \times R_D)$ 时，存款和债券本息均得到清偿；股东享有剩余索取权（Residue Claim），净盈亏为 $A \times R_A - D \times R_D - B \times R_B$。

当 $\Delta A < -(C - B \times R_B - D \times R_D)$ 时，银行不足以偿付存款和债券本息，进入破产清算。为简便假设清算成本为0。如果 $\Delta A \geqslant -(C + B - D \times R_D)$，存款本息全部被清偿，债券持有人遭受损失，损失率为 $1 - \dfrac{\Delta A + (C + B - D \times R_D)}{B(1 + R_B)}$。如果 $\Delta A < -(C + B - D \times R_D)$，存款本息只能部分被清偿，损失率为 $1 - \dfrac{A(1 + R_A)}{D(1 + R_D)}$，债券持有人损失率为100%。

从以上分析可以看出两个结论。第一，银行破产条件可等价表述为

$$\Delta A < -(C - B \times R_B - D \times R_D) \qquad (8-1)$$

其中，$-(C - B \times R_B - D \times R_D)$ 称为违约门限（Default Threshold），即当资产损失（在数值上）超过违约门限时，银行就违约。用 DT 来表示违约门限。银行的破产概率等于

$$PD = \Pr(\Delta A < DT) \qquad (8-2)$$

可以看出，银行的破产概率完全由银行资产的风险收益特征和违约门限 DT 决定。破产概率是金融机构本身的属性，存款者和债券持有人遭遇银行破产的概率是一样的，均为 PD。信用评级机构给予的发行人评级（Issuer Rating）反映的就是这一点（Duffie 和 Singleton，2003）。

第二，在银行破产的情况下，存款和债券的违约后损失是（分别用 LGD_D 和 LGD_B 表示）：

$$LGD_D = \left[1 - \frac{A(1 + R_A)}{D(1 + R_D)} \right] \times 1_{\left[\Delta A < -(C + B - D \times R_D) \right]}$$

$$LGD_B = 1_{\left[\Delta A < -(C - B \times R_B - D \times R_D) \right]} - \frac{\Delta A + (C + B - D \times R_D)}{B(1 + R_B)}$$

$$\times 1_{\left[-(C + B - D \times R_D) \leqslant \Delta A < -(C - B \times R_B - D \times R_D) \right]} \qquad (8-3)$$

其中,$1_{[\cdot]}$ 为示性函数。

存款的违约后损失低于债券,反映了存款在资本结构中的优先级高于债券,处于优先受偿地位。一般而言,违约后损失对同一金融机构的负债方工具不完全一样,优先级高或有抵押的负债方工具的违约后损失较低(Duffie 和 Singleton,2003)。所以,为用同一尺度比较不同金融安全网措施对金融机构清偿能力的影响,在违约后损失上,本章使用存款的违约后损失。

最后需要说明的是,在本章中,ΔA 是唯一的不确定性来源和最重要的自变量,模型分析主要围绕 ΔA 进行。如果引入 ΔA 的概率分布,就能算出银行违约概率和违约后损失,根据资产定价方法测算政府在各种金融安全网措施下的成本,并对应急资产和自救债券等新型资本工具进行估值和定价。

第二节　政府对金融机构的流动性
支持措施的宏观审慎监管功能

在这次金融危机中，政府对金融机构的流动性支持措施主要由中央银行的"最后贷款人"职能衍生而来，在很大程度上仍符合Bagehot（1873）关于"最后贷款人"职能的经典描述——以惩罚性利率无限量发放由合格证券作抵押的贷款。

美联储在这次金融危机中，除了公开市场操作和贴现窗口外，还新推出了几个针对金融机构的流动性支持措施，包括 Term Auction Facility（TAF）、Primary Dealer Credit Facility（PDCF）、Term Security Lending Facility（TSLF）和 ABCP Money Market Mutual Fund Liquidity Facility（AMLF）。根据 Bloomberg（2011）统计[1]，在公开市场操作、贴现窗口以及这些新措施下，美联储一共承诺了 7. 77 万亿美元的流动性支持，在 2008 年 12 月 5 日实际提供的流动性支持达到最大，为 1. 2 万亿美元。对这些措施简介和评论如下。

Term Auction Facility 由美联储在 2007 年 12 月推出（Fed[2]，2008a）。所有被美联储认为财务健康的存款机构均能向美联储申请一个月期的抵押贷款。抵押品标准与美联储贴现窗口相同。

Primary Dealer Credit Facility 由美联储在 2008 年 3 月推出（Fed，2009a）。一级交易商可以向美联储申请隔夜的抵押贷款。前

---

[1]　Bloomberg 的统计中还包括了 Commercial Paper Funding Facility。因为 Commercial Paper Funding Facility 的规模相对不大，此处仍直接引用了 Bloomberg 的统计数据，没有扣除 Commercial Paper Funding Facility。

[2]　美联储。

45 次申请的贷款利率是美国银行业对优质个人和工商客户的长短期贷款利率基准（Primary Credit Rate），第 46 次申请后贷款利率将升高。抵押品标准与通过主要清算行安排的三方融资协议相同。

Term Security Lending Facility 由美联储在 2008 年 3 月推出（Fed，2009b）。一级交易商可以以投资级公司债、市政债券、MBS 和 ABS 等为抵押向美联储借国债，期限为 28 天。一级交易商借国债的数量和费用由竞标决定。这个措施最大特点是金融机构以低信用等级、低流动性债券为抵押向美联储借入高信用等级、高流动性的国债。

ABCP Money Market Mutual Fund Liquidity Facility 由美联储在 2008 年 9 月推出（Fed，2010a），目标是促进 ABCP 市场的流动性，帮助货币市场基金满足赎回需求。美联储向美国存款机构和金融控股公司提供无追索权贷款，由它们购买货币市场基金中的资产支持商业票据（Asset Backed Commercial Paper，ABCP），并将 ABCP 作为贷款抵押。这个措施本质上是让金融机构以 ABCP 为抵押向美联储借款。因为贷款是无追索权的，一旦 ABCP 出现减值，金融机构可以不承担损失，而将损失转给美联储。

这些流动性支持措施的一个很大特点是与货币市场基金、资产证券化市场有紧密联系，反映了影子银行体系的影响。在货币市场基金和资产证券化市场方面，美联储还推出了 Commercial Paper

Funding Facility（CPFF）[①]、Term ABS Loan Facility（TALF）[②] 和 Money Market Investor Funding Facility（MMIFF）[③]，美国财政部推出了 Legacy Securities Public – Private Invesment[④]，均针对一般投资者，不限于金融机构，本章不详细讨论。

这些流动性支持措施在很多地方超出了常规：合资格抵押品和借款人的范围比美联储公开市场操作和贴现窗口的要大很多；使用了无追索权贷款，使美联储暴露在借款人的信用风险和抵押品的市场风险中；美联储既借出现金，也借出国债；流动性支持的规模也是空前的。

流动性支持措施都是以抵押贷款的形式进行，抵押品仍保留在金融机构的资产负债表上，使金融机构的资产和负债等额增加，对

---

① Commercial Paper Funding Facility 由美联储在 2008 年 10 月推出（Fed，2009c），目标是促进合资格商业票据的发行，提高商业票据市场的流动性。美联储向 SPV 提供有追索权的贷款，由 SPV 购买美国发行人发行的三个月期限、美元计价、高评级的商业票据和 ABCP，并将 SPV 资产作为贷款抵押。SPV 持有商业票据和 ABCP 至到期，偿还美联储贷款。

② Term ABS Loan Facility 由美联储在 2008 年 11 月推出（Fed，2008b），目标是通过促进 ABS 的发行来满足消费者和小企业的融资需求。美国的个人或商业实体可以 ABS 为抵押向美联储申请无追索权的贷款，期限一年。贷款数量和费用由竞标决定。如果贷款者不还款，美联储只能收回作为抵押品的 ABS，不能再向贷款人追索债权。美联储成立 SPV 用来收购美联储收到的 ABS。财政部 TARP 和美联储向 SPV 提供融资。TARP 购买 20 亿美元由 SPV 发行的次级债。如果 SPV 购买的 ABS 数量超过 20 亿美元，美联储将向 SPV 提供贷款。美联储贷款的优先级高于 TARP 的次级债。SPV 资产产生的现金流将首先用于偿还美联储贷款，全额偿还后再还 TARP 的次级债。TARP 次级债相当于为美联储贷款提供信用增级。

③ Money Market Investor Funding Facility 由美联储在 2008 年 11 月推出（Fed，2009d），目标是让货币市场基金购买期限超过隔夜的货币市场工具。美联储向一系列 SPV 提供 5400 亿美元贷款，这些 SPV 再通过发行 ABCP 融资 600 亿美元，用于购买 6000 亿美元大额存单、银行票据和商业票据等货币市场工具。美联储贷款的优先级比 ABCP 高。SPV 购买的资产到期后，将先偿还美联储贷款，再还 ABCP。

④ Legacy Securities Public – Private Investment 由美国财政部在 2009 年 3 月推出（US Treasury，2009b），目标是通过提供相对便宜、无追索权的杠杆融资来提高所谓问题资产（主要指 2009 年前发行的 CMBS 和非机构 RMBS）的投资回报预期，吸引私人买方资本进入，提高问题资产的流动性，帮助从银行资产负债表上清除这些资产，从而为金融市场和银行体系纾困。美国财政部希望通过此计划购买 400 亿美元问题资产。美国财政部选择 9 家私募股权基金作为管理合伙人（General Partner），每家基金必须先各自筹集 11 亿美元资本，其中管理合伙人必须跟投至少 0.2 亿美元，其余来自有限合伙人（Limited Partner）。美国财政部再向每个管理人各投资 11 亿美元股权。这样，每家管理人持有的公私股权共 22 亿美元。在此基础上，美国财政部再向每个管理人提供 22 亿美元低息优先级抵押贷款，利率为 1 个月 Libor 加 100 个基点，相当于提供了一倍的财务杠杆。

金融机构违约概率和违约后损失（也就是清偿能力）影响不大。但如果政府在流动性支持中收取较低利率，金融机构也可以通过投资获得利差收入，从而在一定程度上提高清偿能力。比如 Bloomberg（2011）根据净利息收益率数据估算，受到美联储流动性支持的 190 家银行可获得 130 亿美元利差收入。但这些利差收入相对流动性支持措施的金额非常小，说明流动性支持措施对金融机构清偿能力的影响确实不大。以下用一个简单模型进行说明。

假设流动性支持金额为 L。为简便起见，不考虑政府为流动性支持收取的利息。假设金融机构从政府处借入的资金以现金形式持有，也不考虑产生的收益。这样，在第一期，银行资产方包括原有资产 A 和现金 L，负债包括存款 D、债券 B 和政府贷款 L。在第二期，银行资产方变为 $A + \Delta A + L$，要偿还负债本息 $D(1 + R_D) + B(1 + R_B) + L$。银行破产条件仍为 $\Delta A < - (C - B \times R_B - D \times R_D)$，违约概率不变，存款的违约后损失也不变。

对政府而言，因为在流动性支持措施中发放的贷款都有抵押品，即使是无追索权贷款，可能遭受的损失也有限。对流动性支持造成的央行资产负债表扩张，周小川（2012）指出，需要考虑在央行负债方进行适当调整，收回投放的过多流动性，防止通货膨胀。但长期看，通货膨胀可能不可避免，实际上是通过"通货膨胀税"分摊了流动性支持的成本。

第三节 政府与金融机构的损失分担
计划的宏观审慎监管功能

一、资产方措施

（一）代表性措施介绍

1. 美联储 Maiden Lane[①] 系列交易

美联储 Maiden Lane 系列交易指为帮助 JP Morgan 收购 Bear Stearns 以及救助 AIG 而成立的三个 SPV，包括：2008 年 3 月推出的 Maiden Lane LLC，2008 年 11 月推出的 Maiden Lane Ⅱ LLC 和 Maiden Lane Ⅲ LLC。相关介绍见 Fed（2011）。这三个 SPV 在会计处理上均被美联储并表，是美联储金融危机后资产负债表显著扩张的主要原因之一。

Maiden Lane LLC 从 Bear Stearns 购买 300 亿美元按揭有关证券。美联储为 Maiden Lane LLC 提供 10 年期、利率为 Primary Credit Rate 的 288.2 亿美元高优先级贷款。JP Morgan 提供 10 年期、利率为 Primary Credit Rate 加 450 个基点的 11.5 亿美元次级贷款。目标是：在不影响金融市场的前提下，通过处置资产，偿还美联储贷款。如果还完美联储和 JP Morgan 贷款后还有剩余，归美联储所有。

Maiden Lane Ⅱ LLC 从 AIG 购买 205 亿美元 RMBS 来缓解 AIG 证券出借业务造成的资本和流动性压力。美联储为 Maiden Lane Ⅱ

---

① Maiden Lane 为纽约联储附近的街道的名称。

LLC 提供 6 年期、利率为 1 个月 Libor 加 200 个基点的 195 亿美元高优先级贷款。AIG 提供利率为 Libor 加 300 个基点的 10 亿美元次级贷款。目标是：在不影响金融市场的前提下，最大化资产处置收益，偿还美联储贷款。如果还完美联储和 AIG 贷款后还有剩余，六分之五归美联储，六分之一归 AIG。

Maiden Lane Ⅲ LLC 从 AIG 的 CDS 业务的交易对手购买 293 亿美元 CDO，以终止 CDS 交易，缓解 AIG 的资本和流动性压力。美联储为 Maiden Lane Ⅲ LLC 提供 6 年期、利率为 1 个月 Libor 加 100 个基点的 243 亿美元高优先级贷款。AIG 提供 50 亿美元股本，按 1 个月 Libor 加 300 个基点计息。目标：在不影响金融市场的前提下，最大化资产处置收益，偿还美联储贷款。如果还完美联储贷款和 AIG 股本后还有剩余，三分之二归美联储，三分之一归 AIG。

Maiden Lane 系列交易有如下特点：一是问题资产从金融机构的资产负债表转移出来，进入 SPV 的资产负债表，实际上进入了美联储的资产负债表。二是缓解了金融机构面临的减价抛售压力，使问题资产的处置得以有序进行。三是美联储和金融机构之间建立了损失和收益的分担计划，美联储向 SPV 提供高优先级贷款，金融机构向 SPV 提供次级贷款或股权，这样金融机构会优先承担问题资产处置中的亏损。但美联储平均提供了 SPV 约 91% 的融资，因此对问题资产有很大敞口。

2. 美国政府针对花旗集团的 Asset Guarantee Program

2008 年 11 月，美国财政部、FDIC 和美联储推出针对花旗集团的 Asset Guarantee Program。相关介绍见 Citigroup（2009）和 SIG-TARP（2011a）。

Asset Guarantee Program 针对一个特定资产池。被保护资产池有 3010 亿美元，包括与住宅和商业地产有关的贷款和证券、消费贷款以及其他资产。住宅相关资产担保 10 年，非住宅类资产担保 5 年。

核心是损失分担计划：（1）花旗集团承担前 395 亿美元损失。（2）接下来的损失，美国财政部承担 90%，花旗集团承担 10%，直到美国财政部承担的损失达到 50 亿美元。（3）再接下来的损失，FDIC 承担 90%，花旗集团承担 10%，直到 FDIC 承担的损失达到 100 亿美元。（4）在前两三部分分担的 562 亿美元（395 + 150/90%）损失的基础上，如果损失超过 562 亿美元，花旗集团将把剩下的 2448 亿美元资产作为抵押品向美联储申请无追索权贷款。一旦资产池继续出现损失，花旗集团必须将损失的 10% 赔付给美联储。因为贷款无追索权，这样美联储就承担了 90% 的损失。

Asset Guarantee Program 结构非常复杂。将美国财政部、FDIC 和美联储合并起来看，本质上是一个保险合约：被保护资产池保留在花旗集团的资产负债表上，花旗集团先承担前 395 亿美元损失，对接下来的损失，美国政府承担 90%，花旗集团承担 10%。保险免赔额（Deductible）是 395 亿美元，超过免赔额的损失花旗集团要自担 10%。这种设计主要是为了控制道德风险，促进保险和激励之间的平衡，使花旗集团有动力最大化被保护资产池的价值。另外，美国财政部、FDIC 和美联储在损失分担上有精巧分工，美国财政部最先承担损失但规模最小，美联储最后承担损失但规模最大，FDIC 介于两者中间。

2009 年 1 月，英国财政部推出 Asset Protection Scheme（HM Treasury，2009），在结构上与 Asset Guarantee Program 几乎一样，就不详细介绍了。

（二）对资产方措施的分析

美联储 Maiden Lane 系列交易与美国政府针对花旗集团的 Asset Guarantee Program 代表了资产方措施的两种类型：在前者中，问题资产移出了金融机构的资产负债表；在后者中，问题资产仍在金融机构的资产负债表上。因此，金融机构和政府各自承担的风险和可能享有的收益有所不同，以下分别分析。

1. 对美联储 Maiden Lane 系列交易的分析

在美联储 Maiden Lane 系列交易中，除金融机构的资产负债表，还需考虑 SPV 的资产负债表。假设金融机构原有资产全部转移到 SPV 上，SPV 资产方为金融机构原有资产 A，资产收益率为 R_A。政府和金融机构向 SPV 提供融资，政府注资 $A - d$，金融机构注资 d。为简便起见，不考虑政府和金融机构向 SPV 提供融资的成本。假设在 SPV 负债方，政府的优先级高于金融机构，SPV 先偿还政府注资，再偿还金融机构注资。如果 SPV 资产在偿还政府和金融机构注资后还有剩余，金融机构获得剩余资产的 λ 部分，政府获得 $1 - \lambda$ 部分。假设在原有资产全部转出后，金融机构的资方包括现金 $A - d$（不考虑现金收益）和对 SPV 的注资 d，负债方不受影响。

先考虑 SPV 的资产负债表。第二期，SPV 的资产变为 $A + \Delta A$。如果 $\Delta A \in (0, +\infty)$，SPV 在全部偿还政府和金融机构的注资后还有剩余，政府净盈亏为 $gov = (1 - \lambda)\Delta A$，金融机构净盈亏为 $\Delta A^* = \lambda \Delta A$。如果 $\Delta A \in [-d, 0]$，SPV 只能偿还政府注资，金融机构要受损失，政府净盈亏为 $gov = 0$，金融机构净盈亏为 $\Delta A^* = \Delta A$。如果 $\Delta A \in (-A, -d)$，SPV 只能部分偿还政府注资，无法偿还金融机构注资，政府净盈亏为 $gov = \Delta A + d$，金融机构净盈亏为 $\Delta A^* = -d$。对 $\Delta A \in (-\infty, -A]$ 的情形，现实中不太可能发生，不予讨论。

因此，金融机构净盈亏等于

$$\Delta A^* = \begin{cases} \lambda \Delta A & \Delta A \in (0, +\infty) \\ \Delta A & \Delta A \in [-d, 0] \\ -d & \Delta A \in (-A, -d) \end{cases} \quad (8-4)$$

因为资产从金融机构转到 SPV，金融机构可能遭受的损失以对 SPV 的出资为限，净盈亏最低为 $-d$。

政府净盈亏等于

$$gov = \begin{cases} (1-\lambda)\Delta A & \Delta A \in (0, +\infty) \\ 0 & \Delta A \in [-d, 0] \\ \Delta A + d & \Delta A \in (-A, -d) \end{cases} \quad (8-5)$$

在 $\Delta A \in (0, +\infty)$ 时，政府可能享有的收益无上限。而在 $\Delta A \in (-A, -d)$ 时，政府可能遭受大量损失。政府净盈亏也可以等价表述为

$$gov = (1-\lambda) \times \max(\Delta A, 0) - \max(-d - \Delta A, 0) \quad (8-6)$$

其中，$(1-\lambda) \times \max(\Delta A, 0)$ 是数量为 $1-\lambda$ 的以 ΔA 为标的、以 0 为行权价的看涨期权多头，$-\max(-d-\Delta A, 0)$ 是 1 单位以 ΔA 为标的、以 $-d$ 为行权价的看跌期权空头。根据 Hull（2000），看涨期权多头价值为正，看跌期权空头价值为负。政府对金融机构的救助成本体现在看跌期权空头部分，看涨期权多头相当于政府通过分享资产处理的可能收益来弥补救助成本。政府对 SPV 注资收取的利息也有弥补救助成本的作用。

再考虑金融机构的资产负债表。第二期，金融机构资产方的变化完全来自对 SPV 的注资，等于 ΔA^*，金融机构破产条件是 $\Delta A^* < -(C - B \times R_B - D \times R_D)$。在 $d > C - B \times R_B - D \times R_D$ 时，金融机构破产条件等价于 $\Delta A < -(C - B \times R_B - D \times R_D)$，违约概率不变，但因为金融机构资产方损失不会超过 $-d$，存款的违约后损失较原来降低，并且 d 越小，存款的违约后损失越低。在 $d \leqslant C - B \times R_B - D \times R_D$ 时，因为 $\Delta A^* \geqslant -d$，金融机构不会破产（见图 8-1）。

将政府和金融机构的风险收益特征结合起来看，d 反映了金融机构对原有资产的剩余经济敞口，d 越小，金融机构的清偿能力提高越多。但根据 Hull（2000），政府持有的看跌期权空头 $-\max(-d-\Delta A)$ 的价值越低，也就是政府通过 Maiden Lane 形式的交易救助金融机构的成本越高。这样在政府的救助成本与对金融机构清偿能力

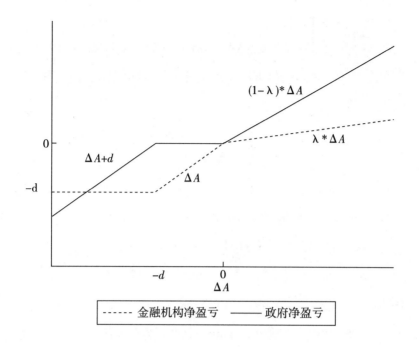

图 8 – 1　Maiden Lane 交易下政府与金融机构的净盈亏

的提高之间就存在正向关系。下文将指出，这个关系是普遍成立的。

2. 对美国政府 Asset Guarantee Program 的分析

在美国政府 Asset Guarantee Program，假设金融机构资产全部被纳入保护范围。金融机构先承担的损失金额为 d，对金额超过 d 的损失，金融机构承担 λ 部分，政府承担 $1 - \lambda$ 部分。

先分析政府和金融机构的风险收益特征。如果 $\Delta A \in [- d, + \infty)$，即金融机构资产有盈利或损失金额不超过 d，政府不用承担损失也不分享收益，净盈亏为 $gov = 0$，金融机构净盈亏为 $\Delta A^* = \Delta A$。如果 $\Delta A \in (- A, - d)$ 即金融机构资产的损失金额超过 d，政府净盈亏为 $gov = (1 - \lambda)(\Delta A + d)$，金融机构净盈亏为 $\Delta A^* = - d + \lambda(\Delta A + d)$。

因此，金融机构净盈亏是

$$\Delta A^* = \begin{cases} \Delta A & \Delta A \in [-d, +\infty) \\ -d + \lambda(\Delta A + d) & \Delta A \in (-A, -d) \end{cases} \quad (8-7)$$

在 $\Delta A \in (-A, -d)$ 时，金融机构可能遭受大量损失。

政府净盈亏是

$$gov = \begin{cases} 0 & \Delta A \in [-d, +\infty) \\ (1-\lambda)(\Delta A + d) & \Delta A \in (-A, -d) \end{cases} \quad (8-8)$$

在 $\Delta A \in [-d, +\infty)$ 时，政府没有分享收益的机会；但在 $\Delta A \in (-A, -d)$ 时，政府可能遭受大量损失。

政府净盈亏可以等价表述为

$$gov = -(1-\lambda) \times \max(-d - \Delta A, 0) \quad (8-9)$$

相当于数量为 $1 - \lambda$ 的以 ΔA 为标的、以 $-d$ 为行权价的看跌期权空头。根据 Hull（2000），看跌期权空头的价值为负，反映了政府的救助成本。当金融机构的免赔额 d 越小或分担比例 λ 越小时，政府的救助成本越高。

金融机构破产条件是 $\Delta A^* < -(C - B \times R_B - D \times R_D)$。在 $d > C - B \times R_B - D \times R_D$ 时，金融机构破产条件仍等价于 $\Delta A < -(C - B \times R_B - D \times R_D)$，违约概率不变，但因为 $\Delta A^* \geqslant \Delta A$，存款的违约后损失较原来降低，并且 d 越小或 λ 越小，存款的违约后损失越低。在 $d \leqslant C - B \times R_B - D \times R_D$ 时，金融机构破产条件等价于

$$\Delta A < -(C - B \times R_B - D \times R_D) - \frac{1-\lambda}{\lambda}(C - B \times R_B - D \times R_D - d)$$

违约门限和违约概率下降，而且 d 越小或 λ 越小，违约门限和违约概率下降越多（见图 8-2）。

因此，在美国政府 Asset Guarantee Program 中，金融机构的免赔额或分担损失的比例越低，政府的救助成本越高，对金融机构清偿能力的改善越明显。

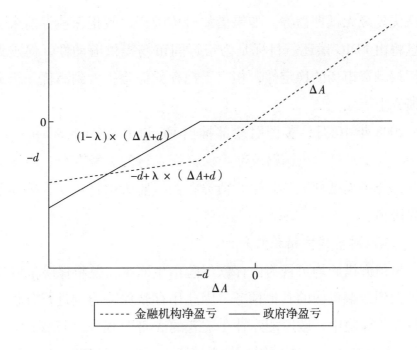

图 8-2　Asset Guarantee Program 下政府与金融机构的净盈亏

二、负债方措施

（一）代表性措施介绍

2008 年 9 月，美国财政部推出 Temporary Guarantee Program for Money Market Funds（US Treasury，2008），目标是缓解货币市场基金的赎回潮。美国财政部在货币市场基金申请并付费的情况下，为货币市场基金的投资者提供担保，保证他们在货币市场基金中的投资不会跌破面值，起到类似存款保险的作用。这个措施是担保货币市场基金的负债方。

2008 年 10 月，美国 FDIC 推出 Temporary Liquidity Guarantee Program（FDIC，2008）。该计划由两部分组成。一是将对活期存款等不付息交易账户的保险从不超过 25 万美元提高到全额保险，是把存款保险的规模扩大。二是担保美国存款机构和金融控股公司发行的高优先级无抵押债券。如果借款机构破产，被担保债券的未支付本息将由 FDIC 偿还。目标是为银行间市场提供流动性，促进无抵押债权融资市场的稳定性，相当于把存款保险扩大到高优先级无抵押债券上。

2008 年 10 月，英国财政部推出 Credit Protection Scheme（HM Treasury，2008）。英国财政部担保银行发行的大额存单、商业票据和高优先级无抵押债券。这些债券在银行监管中将被视为等同于无风险国债。

（二）对负债方措施的分析

负债方措施均可视为由存款保险衍生而来，是将保险范围从存款扩大到金融机构的其他债务，因此用存款保险为例进行分析。假设在存款保险中，政府能弥补存款者的 λ 部分损失。当 $\Delta A \geqslant -(C+B-D \times R_D)$ 时，不管银行是否破产，存款本息均能被全额偿还，存款保险不会启动。当 $\Delta A < -(C+B-D \times R_D)$ 时，银行破产且只能部分偿还存款本息，存款者的损失金额是 $D(1+R_D) - A(1+R_A)$。在存款保险下，政府向存款者支付金融为 $\lambda[D(1+R_D) - A(1+R_A)]$。政府净盈亏是

$$gov = \begin{cases} 0 & \Delta A \geqslant -(C+B-D \times R_D) \\ \lambda(C+B-D \times R_D + \Delta A) & \Delta A < -(C+B-D \times R_D) \end{cases}$$

$$(8-10)$$

可以等价表述为 $gov = -\lambda\max[-(C+B-D \times R_D) - \Delta A, 0]$，相当于持有数量为 λ、以 ΔA 为标的、以 $-(C+B-D \times R_D)$ 为行权价的看跌期权空头。看跌期权空头的价值为负，相当于政府存款保险的成本，而且 λ 越大，救助成本越高（见图 8-3）。

在存款保险下，存款者的违约后损失降至

$$LGD_D = (1-\lambda)\left[1 - \frac{A(1+R_A)}{D(1+R_D)}\right] \times 1_{\{\Delta A < -[C+B-D \cdot R_D]\}}$$

$$(8-11)$$

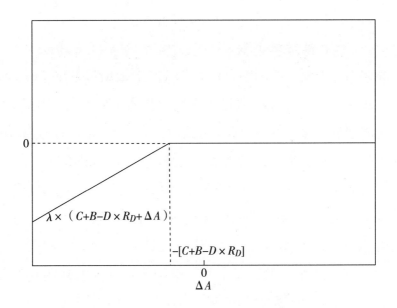

图 8-3　存款保险下政府的净盈亏

而且 λ 越大，存款的违约后损失越低。

所以，存款保险的作用主要是降低存款者的违约后损失，不是直接降低银行违约概率。将政府与银行的情况结合起来看，政府弥补存款者损失的比例越高，救助成本越高，存款的违约后损失降低得越多。周小川（2012）指出，存款保险费尽管由金融机构缴纳，实际上大多数是通过存款人少拿一点存款利息、贷款人多出一点贷款利息的方式由存款人和贷款人分担。

另外，存款保险能稳定存款者预期，可以降低存款者挤兑造成银行流动性危机的概率；在存款保险下，存款者要求的风险溢价降低，也能减少银行吸收存款的成本。

三、股东权益方措施

股东权益方措施以美国 TARP 中的 Capital Purchase Program 和 Target Investment Program 为代表（SIGTARP，2009b，2010，

2011b）。

（一）代表性措施介绍

2008 年 10 月，美国财政部在 TARP 中推出 Capital Purchase Program，并在第一批注资中通过优先股向 9 家主要银行注资 1250 亿美元。优先股股息前 5 年为 5%，之后为 9%，注资金额约为每家银行风险加权资产的 3%。为使纳税人能分享银行救助的好处，这些银行还向美国财政部发行了一定数量的认股权证。截至 2011 年，美国财政部共通过 Capital Purchase Program 向 282 家上市银行注资，同时获得相当于注资金额 15% 的认股权证，认股权证期限为 10 年，可随时行权。另外向 402 家非上市银行注资，同时获得相当于注资金额 5% 的可认购优先股的权证（实际上美国财政部很快就行使了这些权证）。

2009 年 6 月，在美联储 Supervisory Capital Assessment Program 完成对压力情景下银行资本缺口的评估后，应部分银行要求，美国财政部提出 Capital Purchase Program 的退出方案。退出条件是银行在公开市场上募集相当于优先股赎回金额 50% 的普通股或者监管当局完成对银行长期资本计划的审计。对认股权证部分，银行在赎回完优先股注资后，根据公允价值估值向美国财政部赎回。如果美国财政部和银行无法就认股权证的公允价值估值达成一致时，由美国财政部公开拍卖出售。

另外，美国财政部在 TARP 中还推出 Target Investment Program，以优先股的形式分别向花旗集团和美国银行注资 200 亿美元。

（二）对股东权益方措施的分析

股东权益方措施主要体现为政府对"大而不倒"隐性担保：政府出于对规模大、业务广、牵涉面大、难以替代的金融机构倒闭造成的负外部性的担忧，在这些金融机构出问题时不得不进行股权注资甚至"国有化"。"大而不倒"隐性担保的受益者是银行的存款者和债券持有人。政府救助后，他们的债权得到了保全，但原先的普通股股东的权益被稀释甚至可能被全部注销。简单分析如下：

在 $\Delta A \geqslant -(C - B \times R_B - D \times R_D)$ 时，存款和债券本息均被清偿，政府"大而不倒"隐性担保不会启动。在 $\Delta A < -(C - B \times R_B - D \times R_D)$ 时，银行不足以偿付存款和债券本息，政府"大而不倒"隐性担保被启动，将差额补偿给存款者和债券持有人。

政府净盈亏是

$$gov = \begin{cases} 0 & \Delta A \geqslant -(C - B \times R_B - D \times R_D) \\ C - B \times R_B - D \times R_D + \Delta A & \Delta A < -(C - B \times R_B - D \times R_D) \end{cases}$$

$$(8-12)$$

可以等价表述为

$$gov = -\max\left[-(C - B \times R_B - D \times R_D) - \Delta A, 0\right] \quad (8-13)$$

相当于 1 单位以 ΔA 为标的、以 $-(C - B \times R_B - D \times R_D)$ 为行权价的看跌期权空头。看跌期权空头的价值为负，反映了政府隐性担保

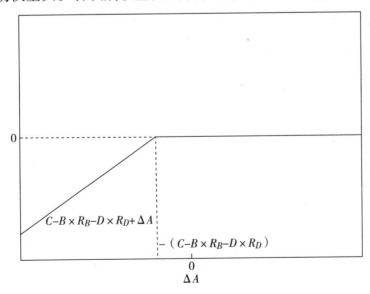

图 8-4 "大而不倒"隐性担保下政府的净盈亏

的成本。美国政府在 TARP 中获得的认股权证能部分覆盖隐性担保的成本。

因此，在"大而不倒"隐性担保下，政府相当于向存款者和债券持有人授予了一个看跌期权，如果不考虑政府作为交易对手的信用风险，存款者和债券持有人不会遭受损失，存款和债券可视为没有信用风险。所以，政府"大而不倒"隐性担保本质上用政府信用来替代银行信用。

第四节　资本质量的宏观审慎监管功能

资本质量的概念在金融危机后备受重视。金融危机后提高资本质量的措施，除了提高普通股资本充足率外，还包括引入新型资本工具，让债权人能有效地承担损失。BCBS（2010e）提出，应保证在银行无法通过私人部门获得支持并且政府不注资就要倒闭时，所有监管资本工具都能吸收损失，而且即使政府注资使银行免于倒闭，债权人也应承担损失。应急资本和自救债券就是这方面的主要措施。应急资本和自救债券在欧洲银行业已经被应用，英国和瑞士将它们写入正式文件。Standard&Poor's（2010）估计应急资本和自救债券的市场规模在未来10年可能达到1万亿美元。本节先分析应急资本和自救债券相关概念，再讨论如何理解资本吸收损失的能力。

一、应急资本

应急资本的概念在金融危机前就提出来了，有不少文献讨论了应急资本的设计和定价，相关综述见 Bolton 和 Samama（2010），在金融危机后被付诸实践（De Spiegeleer 和 Schoutens，2011）。

第一笔应急资本由英国劳埃德银行集团在 2009 年发行。2009年 12 月，英国劳埃德银行集团提出将部分优先股置换成增强资本票据（Enhanced Capital Notes，ECN）。ECN 的总规模是 70 亿英镑，期限是 10 ~ 20 年，票息率比原优先股高 1.5% ~ 2.5%。一旦劳埃德银行集团的核心一级资本充足率降到 5% 以下，ECN 就按每股 0.59

英镑的价格转成普通股。

Siegenthaler 等（2010）在向瑞士央行的建议报告中（即 Swiss Finish）第一次将应急资本写入官方文件。他们提出，瑞士最大的两家银行——UBS 和瑞士信贷集团的资本充足率要达到 19%，由三部分组成。第一部分是 4.5% 的普通股资本充足率。第二部分是 8.5% 的缓冲资本，其中普通股不低于 5.5%，应急资本不超过 3%。这部分应急资本在普通股资本充足率降到 7% 时自动转为普通股。第三部分是 6% 的 Progressive Component，全部由应急资本组成。这部分应急资本在普通股资本充足率降到 5% 时自动转为普通股。可见，Swiss Finish 引入了两类应急资本，转股触发条件分别是普通股资本充足率降到 7% 和 5%。

2011 年 2 月，为满足 Swiss Finish 的要求，瑞士信贷集团发行了缓冲资本票据（Buffer Capital Notes，BCN）。BCN 总规模 20 亿美元，期限 30 年，5.5 年后可被瑞士信贷集团赎回，票息率为 7.875%。一旦瑞士信贷集团核心一级资本充足率下降到 7% 以下（相当于 Swiss Finish 规定的第一类应急资本），或者瑞士监管当局认为瑞士信贷集团需要政府救助以避免倒闭，BCN 就转成普通股。转股价是 20 美元、20 瑞士法郎和转股前 30 天加权平均股价三者中的最高者。因此，如果转股时股价较低，按 20 美元和 20 瑞士法郎中的较高者转；如果转股时股价较高，是按加权平均股价转。BCN 在路演时收到了 11 倍超额认购，反映了良好的市场需求。

Pazarbasioglu 等（2011）综述了应急资本的经济原理和设计特征。他们认为，应急资本与可转股的混合证券有两个主要不同：一是应急资本尽管是有期限的债务，但可以通过债转股来吸收损失，而可转股的混合证券主要通过延后票息或延长期限的方式吸收损失。二是应急债务是自动转股或根据监管当局要求转股，而不是根据银行的自由裁量权来转股。应急资本在转股时，会增加资本供给，但因为是预付款（Pre－funded）的，转股只是银行负债方的内部调整，不影响银行的现金流量表和流动性状况。他们指出应急资本有两个核心条款：转股触发条件和转股价。

转股触发条件可以与经济或金融系统的状况挂钩，也可以与银行本身特征挂钩。按触发转股的难易程度，容易被触发的称为高位触发（High－level Triggers），不易被触发的称为低位触发（Low－level Triggers）。高位触发的应急资本主要目标是危机防范，使银行能应对冲击、不易倒闭，而低位触发的应急资本主要目标是危机处置，使破产银行更易被处置。比如在 Swiss Finish 中，"普通股资本充足率降到 7%"可视为高位触发，而"普通股资本充足率降到 5%"可视为低位触发。

转股价分两类。第一类是转股价事先确定。在这种情形下，因为转股时银行股价一般比转股价低，应急资本的持有者会承担损失，但银行原有普通股股东被稀释程度不高。第二类是转股价随行就市，根据转股时银行股价确定。在这种情形下，转股时应急资本的持有者损失不大，但之后作为普通股股东可能承担损失，而银行原有普通股股东则被大幅稀释。比如在前面例子中，英国劳埃德银行集团的 ECN 属于事先确定的转股价，而瑞士信贷集团 BCN 的转股价不是事先确定。

为更好地说明应急资本吸收损失的能力，在本章第一节模型中将普通债券全部换成应急资本。假设应急资本按如下方式起作用：当银行第二期资产 $A(1 + R_A)$ 高于一定金额 A^* 时（正常运营的情形），应急资本像普通债券一样还本付息；当第二期资产 $A(1 + R_A)$ 低于 A^* 时（运营困难的情形），应急资本自动转换为普通股，数量是原先普通股数量的 λ 倍，并且应急资本转换成的普通股与原先普通股享有同样的法律地位（即 Pari Passu），按比例分享剩余索取权。

A^* 相当于转股触发条件，A^* 较高时为高位触发，A^* 较低时为低位触发。从实际情况看，应急资本一般用于银行能持续经营但经营困难时，因此假设 $A^* > D(1 + R_D) + B(1 + R_B)$。

λ 对应着转股比率（一单位应急资本转成的股份数量），与应急资本的转股价成反比。在转股价事先确定时，λ 也事先确定。在转股价随行就市时，λ 是 $A(1 + R_A)$ 的减函数，银行经营越困难〔即 $A(1 + R_A)$ 越低〕，应急资本转成的普通股越多。为表述简便，以下总将 λ 表达为 $\lambda[A(1 + R_A)]$ 的函数形式，事先确定的 λ 相当于 $\lambda(\cdot)$ 为常值函数的特殊情形。

基于以上假设，在应急资本下，有三种情形。

情形一：当 $\Delta A > A^* - A$ 时，存款和应急资本的本息均得到清偿，股东拥有剩余索取权。

情形二：当 $-(C + B - D \times R_D) \leqslant \Delta A \leqslant A^* - A$ 时，银行能全额偿还存款本息，但应急资本自动转换为普通股。此时银行资产在偿还存款本息后的剩余部分 $\Delta A + C + B - D \times R_D$，由应急资本持有人和原先普通股股东按持股比例分享。应急资本持有人得到 $\dfrac{\lambda}{1 + \lambda}$ 部分，原先普通股股东得到 $\dfrac{1}{1 + \lambda}$ 部分。

情形三：当 $\Delta A < -(C + B - D \times R_D)$ 时，银行破产，存款本息被部分偿还，损失率为 $1 - \dfrac{A(1 + R_A)}{D(1 + R_D)}$，应急资本的持有人和普通股股东所得为 0。

应急资本设计要合理，应满足在 $A(1 + R_A) = A^*$ 的边界情景下。应急资本持有人转股和不转股的收益一样，否则就存在套利空间，条件是

$$\lambda(A^*) = \frac{B(1 + R_B)}{A^* - D(1 + R_D) - B(1 + R_B)} \qquad (8 - 14)$$

因为 $\lambda(A^*)$ 与应急资本的转股价成反比，所以 $A^* - D(1 + R_D) - B(1 + R_B)$ 与应急资本的转股价成正比，说明转股触发条件与转股价之间应有正向联系，而不是相互独立。

应急资本能将银行的破产条件变为 $\Delta A < -(C + B - D \times R_D)$，降低了违约概率。但在银行破产时，存款的违约后损失与普通债券一样。

为方便比较应急资本与普通债券的损失吸收能力，以下只考虑 λ 事先确定的情形，记其值为 $\lambda^* = \dfrac{B(1 + R_B)}{A^* - D(1 + R_D) - B(1 + R_B)}$。应急资本的收益结构（Payoff Structure）是

$$CoCos = \begin{cases} B(1 + R_B) & \Delta A \in (A^* - A, \infty) \\ \dfrac{\lambda^*}{1 + \lambda^*}(\Delta A + C + B - D \times R_D) & \Delta A \in [-(C + B - D \times R_D), A^* - A] \\ 0 & \Delta A \in [-A, -(C + B - D \times R_D)] \end{cases}$$

$$(8 - 15)$$

应急债券与普通债券的收益结构之间存在如下关系：

$$CoCos - Bond = -\frac{\lambda^*}{1 + \lambda^*}\max[(A^* - A) - \Delta A, 0]$$

$$- \frac{1}{1 + \lambda^*}\max[-(C + B - D \times R_D) - \Delta A, 0]$$

$$+ \max[-(C - B \times R_B - D \times R_D) - \Delta A, 0]$$

$$(8 - 16)$$

不难看出，$CoCos - Bond \leqslant 0$，并且 A^* 变大时，$CoCos$ 中段顺时针旋转，$CoCos - Bond$ 是 A^* 的减函数。根据无风险定价原理［姜礼尚（2008）定理2.1，详细说明见附录］，在票息率一样的情况下，应急资本的价值低于普通债券，并且 A^* 越大，应急资本的价值越低。所以，在市场均衡时，作为风险补偿，应急资本的票息率应高

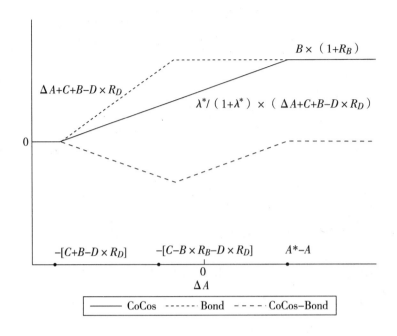

图 8 – 5　应急资本与普通债券的比较

于普通债券，并且 A^* 越大，应急资本的票息率应越高。

二、自救债券

与应急资本相比，自救债券的理论和实践都发展得不够成熟。第一笔自救债券由荷兰 Rabobank 于 2010 年 3 月发行（De Spiegeleer 和 Schoutens，2011）。2010 年 3 月，荷兰 Rabobank 发行了优先或有票据（Senior Contingent Notes，SCN）。SCN 的总规模是 12.5 亿英镑，期限是 10 年，票息率是 Libor 加 3.5%。一旦 Rabobank 的股权资本充足率下降到 7% 以下，SCN 的面值就减记 75%。因为 Rabobank 非上市并且有合作金融机构性质，股权机构比较特殊，减记面值比转成普通股更方便，所以采取了自救债券而非应急资本的形式。

第一个让高优先级债权人在银行破产中承担损失的案例发生在

丹麦（Danske Bank，2011）。2011 年 2 月，丹麦政府在对破产银行 Amagerbanken 的处置过程中，让高优先级债权人承担了 16% 的损失。

第一个把自救债券写入正式文件的国家是英国。英国 Independent Commission on Banking（2011）提出，对具有系统重要性（风险加权资产超过英国 GDP 的 3%）并且被隔离（Ringfenged）的英国零售银行，资本充足率应不低于 17%，由三部分组成：第一部分是普通股资本充足率，不低于 10%；第二部分是非普通股资本，不少于风险加权资产的 3.5%；第三部分是自救债券，是面值可减记的长期无抵押债券，不少于风险加权资产的 3.5%。

但自救债券如何设计，从目前文献看，尚没有一个统一、清楚的框架。接下来讨论一个简单情形。同样，假设在第一节的模型中将普通债券全部换成自救债券。假设在银行不足以全额清偿自救债券的本息时，自救债券被减记，但不构成违约。这类似于在希腊国债危机处置中，让希腊国债的私人部门持有者"自愿"接受对国债价值的减记（Private Sector Involvement，PSI）。在自救债券下，有三种情形。

情形一：当 $\Delta A > -(C - B \times R_B - D \times R_D)$ 时，存款和自救债券的本息均得到清偿，股东拥有剩余索取权。

情形二：当 $-(C + B - D \times R_D) \leq \Delta A \leq -(C - B \times R_B - D \times R_D)$ 时，银行在全额偿还存款本息后，不足以全额偿还自救债券本息，但不构成违约，而是将自救债券价值从 $B(1 + R_B)$ 减记为 $A(1 + R_A) - D(1 + R_D)$，股东所得为 0。

情形三：当 $\Delta A < -(C + B - D \times R_D)$ 时，银行破产，存款本息被部分偿还，损失率为 $1 - \dfrac{A(1 + R_A)}{D(1 + R_D)}$，自救债券的持有人和股东所得为 0。

因此，自救债券的作用与应急资本类似，是将银行的破产条件变为 $\Delta A < -(C + B - D \times R_D)$，从而降低了违约概率。但在银行破产时，存款的违约后损失与第一节的情形下一样。自救债券在收益结构上与普通债券一样，因此本质上是银行与自救债券持有人之间达成的一个契约，双方约定：在银行正常运营时，自救债券像普通债券一样还本付息；当银行经营出现困难时，银行可削减自救债券的利息或本金，但这种调整支付义务的行为不构成银行对自救债券的违约。相比之下，银行调整对普通债券的支付义务构成对该债券的违约。

三、如何理解资本吸收损失的能力

从本质上来说，银行的各种资本工具和负债工具均是银行的融资方式。作为对价，资本和负债工具的持有人获得了对银行资产方的索取权。索取权的两个关键特征决定了它的损失吸收能力。

第一个特征是索取权的优先顺序。一般来说，银行依次满足以下索取权：存款→优先级、有抵押（Senior Secured）的债权→优先级、无抵押（Senior Unsecured）的债权→次级（Subordinate）债权→优先股→普通股。在银行持续经营时，优先级高的索取权先分享收益，优先级低的索取权先分担损失。在银行破产清算时，优先级高的索取权先受偿，优先级低的索取权往往只能被部分清偿，普通股全部损失。

第二个特征是索取权的受益形式。普通债券的受益形式事先确定且不可调整，银行有定期还本付息的义务，不履行此义务便构成违约。普通股是剩余索取权，如果优先级比它高的索取权均能被满足，则普通股以留存盈余或分红的形式分享剩余收益；如果优先级比它高的索取权不能被满足，则普通股以净值降低的形式承担损失。其他索取权的受益形式介于债权和普通股之间，是或有索取权（Contingent Claim），比如应急资本和自救债券。

基于索取权的以上特征以及对应急资本和自救债券的分析，我们提出对资本质量或资本吸收损失的能力的如下理解：

第一，在持续经营条件下吸收损失的能力，指的是资本工具降低违约门限，从而在其他条件不变的情况下降低违约概率的能力。该资本工具的收益结构应具有或有特征，银行可以根据事先约定的条款调整对该资本工具的支付义务而不构成违约。特别是，在其他条件不变的情况下，增加普通股数量能直接降低违约门限，吸收损失的能力最强。

第二，在非持续经营条件下吸收损失的能力，指降低违约后损失的能力。在银行破产时，银行的资产按优先级从高到低分配给各资本和负债工具。相应地，银行的损失按优先级从低到高由各资本和负债工具依次承担。在其他条件一样的情况下，优先级低的资本和负债工具的金额越高，越能减少优先级高的资本和负债工具的违约后损失。这样对优先级高的资本和负债工具而言，优先级低的资本和负债工具就具有吸收损失的能力。

在 Basel Ⅲ（BCBS，2011a）和2012年中国银监会《商业银行资本管理办法》（试行）中，核心一级资本、其他一级资本和二级资本的标准就与我们对资本吸收损失能力的理解一致。比如，银监会（2012）规定：在持续经营条件下，核心一级资本的收益分配完全取决于银行的自由裁量权，银行没有分配收益的义务，不分配不构成违约，而且核心一级资本最后分享收益、最先承担损失；其他一级资本可取消分红或派息而不构成违约。二级资本可核销或转股。在银行破产条件下，受偿顺序从先到后依次是：存款人、一般债权人、二级资本、其他一级资本和核心一级资本。

第五节　金融安全网与资本质量
在宏观审慎监管功能上的等价关系

表8-1汇总了对金融安全网和资本质量的宏观审慎监管功能的分析结果。

表8-1　　金融安全网和资本质量的宏观审慎监管功能

		代表性例子	工作原理	主要作用
政府对金融机构流动性支持措施		公开市场操作，贴现窗口，TAF（Fed, 2007），PDCF（Fed, 2008），TSLF（Fed, 2008），AMLF（Fed, 2008）。	中央银行以一定利率、在一定抵押品下向金融机构借出现金或国债。	改善金融机构的流动性状况，对金融机构的清偿能力影响有限。
政府与金融机构的损失分担计划	资产方措施	Maiden Lane 系列交易（Fed, 2008）。	政府从金融机构资产负债表上买走问题资产，直接削减金融机构对问题资产的经济敞口。对问题资产产生的收益，政府和金融机构按比例分担。对问题资产产生的损失，金融机构先于政府承担，金融机构可能分担的损失有上限，政府可能分担的损失没有上限。	提高金融机构的清偿能力，能降低金融机构的违约概率和违约后损失。
		Asset Guarantee Program（US Treasury, FDIC, Fed, 2008），Asset Protection Scheme（HM Treasury, 2009）。	问题资产留在金融机构的资产负债表上，政府对问题资产的损失提供保险。金融机构优先承担问题资产产生的损失，损失超过一定金额（即免赔额）后由政府和金融机构按比例分担。	
	负债方措施	存款保险；TGPF（US Treasury, 2008），TLGP（FDIC, 2008），Credit Protection Scheme（HM Treasury, 2008）。	担保金融机构债权人的损失。	提高金融机构的清偿能力，主要是降低金融机构的违约后损失，对违约概率影响不大。
	股东权益方措施	国有化；TARP（US Treasury, 2008）。	通过优先股和普通股等形式注资金融机构，金融机构的债权人被保全，但原有股东被稀释。	改善金融机构的资本结构，用政府信用替代金融机构信用。

续表

		代表性例子	工作原理	主要作用
资本质量	在持续经营条件下吸收损失的能力	应急资本：ECN（Lloyds，2009），BCN（Credit Suisse，2011）。	在达到触发条件后（比如，资本充足率降到一定程度），自动转为普通股。	提高金融机构的清偿能力，主要是降低金融机构的违约概率。
		自救债券：Senior Contigent Notes（RaboBank，2010）。	在达到触发条件后（比如，资本充足率降到一定程度），自动减记面值。	
	在非持续经营条件下吸收损失的能力	—	在其他条件一样的情况下，优先级低的资本和负债工具的金额越高，越能减少优先级高的资本和负债工具的违约后损失。	降低违约后损失。

注：1. 每个代表性例子中，括号中内容表示该例子由什么机构在什么时间实施。

2. 相关缩写：

TAF，Term Asset Facility

PDCF，Primary Dealer Credit Facility

TSLF，Term Security Lending Facility

AMLF，ABCP Money Market Mutual Fund Liquidity Facility

TGPF，Temporary Guarantee Program for Money Market Funds

TLGP，Temporary Liquidity Guarantee Program

TARP，Troubled Asset Relief Program

ECN，Enhanced Capital Notes

BCN，Buffer Capital Notes。

从表8-1可以看出，政府与银行的损失分担计划和资本质量有四个层面的等价关系。

一是在经济内涵上，政府与银行的损失分担计划规定了银行股东、债权人和政府作为纳税人代表按什么顺序承担银行亏损、承担多少等，而资本质量的核心是各种资本工具吸收银行损失的顺序，越先吸收损失的资本工具的质量越高。

二是在对银行清偿能力的影响上，核心都归结为对银行违约概率和各种资本工具的违约后损失的降低程度。

三是从金融工程角度，政府与银行的损失分担计划以及资本对损失的吸收，都能表述成期权组合的形式，体现了期权理论在金融监管中的应用。

四是政府在股东权益方救助措施的使用顺序上，遵循了资本质量的逻辑。美国政府对 AIG 和花旗集团以及英国政府对苏格兰皇家银行的股权注资最初都是以优先股的形式进行。优先股在资本结构中的位置高于普通股，吸收损失的能力较弱，但可以为政府的股权注资提供一定程度的下行保护（Downside Protection），但对银行清偿能力的改善作用要弱于普通股注资。美国政府和英国政府在发现优先股注资不足以稳定相关金融机构后，均把优先股转成普通股。

总的来说，政府与银行的损失分担计划对银行清偿能力的影响，通过合理设计资本工具也能实现，提高资本质量相当于用私人部门资源起到政府的金融安全网的作用。根据第三章提出的风险剩余概念，政府与银行的损失分担计划是将风险剩余储备在公共部门，资本质量则是将风险剩余储备在私人部门（主要是银行股东、债权人）。周小川（2012，第 57 页）[①] 提出了类似观点，具体体现为三个层面的缓冲垫。第一层面（产品层面）：对金融机构应买入充分的保险，或充分对冲其对非金融部门的风险，中央银行可提出不同要求。第二层面（公司层面）：中央银行对金融机构的资本、流动性、杠杆率、拨备等执行逆周期的要求。第三层面（中央银行层面）：中央银行资产负债表在景气阶段应积累财富，在衰退阶段可用掉。如在危机阶段对中央银行有透支，则在下一阶段应恢复回来。

上述观点非常重要，有非常丰富的政策意义。金融安全网尽管能促进金融稳定，但不是"免费午餐"，无能无节制使用。一是金融安全网形成了政府的或有负债。当或有负债相对于政府财力达到一定规模后，政府的资产负债表会恶化，政府信用下降。因为银行一般大量持有政府债券，政府在很多场合是银行的交易对手（比如

在一些金融安全网措施中），政府信用会反过来影响银行信用。从而在政府信用与银行信用之间形成一个恶性循环。目前欧洲银行业就出现了这种情况。Acharya 等（2011）基于 2007—2011 年欧元区主权和银行 CDS 价差的实证分析发现，政府救助银行后，主权 CDS 价差立即上升，而银行 CDS 价差降低，反映了政府信用对银行信用的支持作用，但之后银行 CDS 价差与主权 CDS 价差之间呈现显著的联动关系，说明政府财政负担增加后，银行享有的政府担保和持有的政府债券的价值下降。二是金融安全网会引发金融机构的道德风险，使金融机构有动力承担更高风险。这就是为什么要求金融机构分担救助和处置成本（见第二章第三节和第三章第二节）。

所以，在宏观审慎监管中，要慎用金融安全网措施，要充分发挥资本质量的作用，调动私人部门资源来促进金融稳定，以替代部分金融安全网的功能。具体而言，要通过合理设计资本吸收损失的机制，让金融机构将私人部门作为外部股权融资的首要来源，先让、多让私人部门股东和除一般存款人外的债权人承担损失，降低对公共部门救助的依赖。

第六节　小　结

  本章使用案例实证和金融工程分析方法，研究在系统重要性金融机构即将或已经发生破产或流动性危机的情况下，政府能采取何种金融安全网措施，以一定救助成本为代价，来减少破产或流动性危机的可能性和外在影响。本章研究了这些措施的宏观审慎监管功能以及相关成本，提出这些措施可以分成两类：政府对金融机构的流动性支持措施以及政府与金融机构的损失分担计划。对政府与金融机构的损失分担计划，发现政府的相关救助成本与金融机构清偿能力的改善程度之间存在正向关系。

  本章接下来分析了资本质量的宏观审慎监管功能，指出：政府与金融机构的损失分担计划与资本质量在宏观审慎监管功能上有等价关系，资本质量相当于用私人部门资源起到金融安全网对银行的稳定作用。鉴于金融安全网不是"免费午餐"，在宏观审慎监管中要慎用，要通过合理设计资本吸收损失的机制，让金融机构将私人部门作为外部股权融资的首要来源，先让、多让私人部门股东和除一般存款人外的债权人承担损失，降低对公共部门救助的依赖。

中国金融四十人 · 青年书系
CHINA FINANCE 40 FORUM–YOUTH ECONOMIST BOOKS

第九章

总结和下一步研究计划

第一节　全书总结

本书通过理论、实证和政策分析，主要阐述了以下观点，得出了以下结论：

1. 建立了一个研究银行宏观审慎监管基础理论的新范式。银行在通过信贷供给来实现利润最大化的过程中，会产生外部性，并且外部性有两个基本属性——内在规模和外在影响。在外部性存在的情况下，银行行为会偏离中央计划者效用最大化的要求。但对银行施加关于外部性的内在规模的限额约束，能使银行行为满足中央计划者效用最大化要求，而且主要微观审慎监管措施均与某种限额约束等价。我们证明了，在其他条件一样的情况下，外在影响参数越大，监管限额越严。文献和我们研究都表明，外在影响参数在不同机构之间以及不同时点上存在差异。所以相应地，监管标准应该因银行而异、随时间而变，这就是宏观审慎监管。我们还证明了宏观审慎监管相对微观审慎监管的福利改进。

因此，宏观审慎监管和微观审慎监管的区别不在于监管工具，而在对监管标准的把握上。宏观审慎监管与微观审慎监管既有对立，更有统一。这个新研究范式不仅能解释目前已提出的主要的银行宏观审慎监管措施（包括 Basel Ⅲ 针对系统重要性银行的附加资本要求、逆周期资本缓冲以及中国人民银行的差别准备金动态调整），而且说明：根据系统性风险管理需要，在时间和跨机构两个维度上改造现有微观审慎监管措施，在经济周期的不同阶段以及对不同金融机构采取不同监管标准，就能成为宏观审慎监管措施。

2. 在针对信用风险的宏观审慎监管方面，证明了中央计划者可以通过对银行破产概率施加限额约束来管理银行信用风险的外部性，而该限额约束等价于资本充足率监管；考虑到银行信用风险的外在影响参数在不同银行之间以及不同时点上的差异，应对不同银行以及在不同时点上采取不一样的资本充足率监管标准。这就支持了 Basel III 针对系统重要性金融机构的附加资本要求以及逆周期资本缓冲的经济学合理性。进一步分析表明，Basel III 逆周期资本缓冲有两个效果：一是在降低银行破产概率方面，相当于把资本充足率提高1%。二是降低 Basel II 对信贷供给约50%的顺周期影响。但 Basel III 逆周期资本缓冲主要应对企业信用状况引发的信贷顺周期性，应对资产价格引发的信贷扩张的效果可能有限，应发挥货币政策的逆周期调控功能并与逆周期资本监管相协调。

3. 在针对流动性风险的宏观审慎监管方面，证明了中央计划者可以通过线性的流动性约束来管理银行流动性风险的外部性，并且在 Basel III 流动性风险监管工具（包括流动性覆盖比率 LCR 和净稳定融资比率 NSFR）中，如果各监管参数均等于相应资产负债表项目对流动性危机概率的边际贡献，那么就与线性的流动性约束等价。因此，Basel III 流动性风险监管工具在经济学上有合理性，但监管参数设置应满足一定条件。我们认为，应该在 LCR 和 NSFR 中引入宏观审慎监管因素：在跨机构维度，对系统重要性银行，应根据其对系统性流动性风险的贡献，相应提高 LCR 和 NSFR 的最低要求；在时间维度应引入逆周期的流动性风险监管，LCR 和 NSFR 的最低要求应在经济上行期提高，在经济下行期降低。

4. 在针对信贷供给量的宏观审慎监管方面，证明了中央计划者可以通过存款准备金约束来管理银行信贷供给量对货币、物价和经济增长的外部性，并从理论上支持了差别准备金率动态调整的经济学合理性。但对 1995 年到 2010 年我国银行业的实证分析表明，存款准备金约束对信贷增速没有显著影响。如果这一情况在未来也存

在，那么差别准备金动态调整对信贷的调控作用将是有限的。

5. 在金融安全网和资本质量的宏观审慎监管功能方面，提出金融安全网措施可以分成两类：政府对金融机构的流动性支持措施，主要由中央银行的"最后贷款人"职能衍生而来；政府与金融机构的损失分担计划，能提高金融机构的清偿能力。对政府与金融机构的损失分担计划，发现有的措施主要是在持续经营条件下降低违约概率，有的主要是在非持续经营条件下降低违约后损失，但总的来说，政府的相关救助成本与金融机构清偿能力的改善程度之间存在正向关系。对资本质量的分析表明，资本在持续经营条件下吸收损失，指降低金融机构违约概率；在非持续经营条件下吸收损失，指降低违约后损失。因此，金融安全网与资本质量在宏观审慎监管功能上有等价关系，资本质量相当于用私人部门资源起到金融安全网的金融稳定作用。鉴于金融安全网不是"免费午餐"，不能无限制使用，要通过合理设计资本吸收损失的机制，让金融机构将私人部门作为外部股权融资的首要来源，先让、多让私人部门股东和除一般存款人外的债权人承担损失，降低对公共部门救助的依赖。

第二节　下一步研究计划

因为能力、精力和篇幅限制，我们对银行宏观审慎监管基础理论的研究中，有一些重要问题没有深入讨论，下一步将加强相关研究：

1. 宏观审慎监管和货币政策、金融稳定的关系。第五章和第七章研究 Basel Ⅲ 逆周期资本缓冲和差别准备金动态调整时，对这个问题已有所涉及，但没有深入讨论。这是宏观审慎监管理论和实践中一个非常重要的基础问题。金融危机前货币政策框架有两个假设：货币政策假设银行体系稳健，银行监管假设没有宏观经济效果。现在看两个假设都不对。货币政策与资产价格、金融系统杠杆率以及金融机构风险承担行为有关联。货币政策除了保持物价稳定、促进充分就业等传统职能外，还要促进金融稳定。中央银行在金融监管体系中承担更多的系统性风险管理职能将可能成为一个全球趋势。问题的核心是金融系统在经济周期中的作用，包括金融系统对短期经济波动的放大，特别是信贷的作用。

2. 针对国家控股的系统重要性金融机构的宏观审慎监管。西方国家普遍认为，国家对金融机构的持股或控股是公共部门救助的临时后果，不应成为常态；金融机构出问题时，应先寻求私人部门资源，尽量避免政府救助。而在我国，国家控股大金融机构把"大而不倒"与国有制混在一起，道德风险更严重，监管难度更大，西方国家提出的很多监管措施在理念上就与我国国情不相容。因此，要结合我国国情对国有金融机构的"大而不倒"监管问题进行深入研究。我们的一些观点见谢平、邹传伟（2013）。

3. 宏观审慎监管中，多种外部性的交叉作用以及多重监管工具的使用问题。第四章已提到，银行破产、流动性危机以及信贷供给量的外部性之间存在紧密联系，实际情况是中央计划者同时关注多种外部性，兼用多种监管工具。这方面会出现一些创新性的监管工具，比如 Brunnermeier 等（2009）就提出针对银行期限错配情况设置附加资本要求。

4. 流动性风险监管的基础理论。第六章已提出，要对资产方的变现损失函数和负债方的提现函数进行深入研究，在合理的模型假设下给出流动性危机概率的显式表达式，以方便对相关理论问题的研究。

参考文献

［1］卞志村：《金融监管学》，北京，人民出版社，2011。

［2］姜礼尚：《期权定价的数学模型和方法》（第二版），北京，高等教育出版社，2008。

［3］凯恩斯：《就业、利息和货币通论》，高鸿业译，北京，商务印书馆，2007。

［4］刘斌：《资本充足率对我国贷款和经济影响的实证分析》，载《金融研究》，2005（11）。

［5］李文泓、罗猛：《关于我国商业银行资本充足率顺周期性的实证研究》，载《金融研究》，2010（2）。

［6］米什金：《货币金融学》，李扬等译，北京，中国人民大学出版社，1998。

［7］彭建刚、钟海、李关政：《对巴塞尔新资本协议亲周期效应缓释机制的改进》，载《金融研究》，2010（9）。

［8］钱敏平、龚光鲁：《应用随机过程》，北京，北京大学出版社，1998。

［9］王胜邦、陈颖：《新资本协议内部评级法对宏观经济运行的影响：亲经济周期效应研究》，载《金融研究》，2008（5）。

［10］夏斌、张承惠、高善文、陈道富、廖强：《中国银行体系贷款供给的决定及其对经济波动的影响》，载《金融研究》，2003（8）。

［11］谢平：《金融监管消费者至上》，载《新世纪》，2010（41）。

［12］谢平、邹传伟：《CDS 的功能不可替代》，载《金融发展评论》，2011（1）。

［13］谢平、邹传伟：《中国金融改革思路：2013—2020》，中国金融出版社，2013。

［14］徐忠、张雪春、邹传伟：《房价、通货膨胀与货币政策——基于中国数据的研究》，载《金融研究》，2012（6）。

［15］银监会：《商业银行资本管理办法》（试行），2012。

［16］赵锡军、王胜邦：《资本约束对商业银行信贷扩张的影响：中国实证分析（1995—2003）》，载《财贸经济》，2007（7）。

［17］周小川：《关于改变宏观和微观顺周期的进一步探讨》，中国人民银行网站，2009。

［18］周小川：《金融政策对金融危机的响应——宏观审慎政策框架的形成背景、内在逻辑和主要内容》，载《金融研究》，2011（1）。

［19］周小川：《金融危机中关于救助问题的争论》，载《金融研究》，2012（9）。

［20］周小川：《国际金融危机：观察、分析与应对》，北京，中国金融出版社，2012。

［21］朱太辉：《信贷如何波动？——一个理论综述》，载《货币金融评论》，2010（7－8）。

［22］曾刚、李广子、谢玮：《资本充足率变动对银行信贷行为的影响》，载《金融评论》，2011（4）。

［23］Acharya, Viral, Itamar Drechsler, and Philip Schnabl, 2011, "A Pyrrhic Victory? Bank Bailouts and Sovereign Credit Risk", *Working Paper*.

［24］Adrian, Tobias and Markus Brunnermeier, 2011, "CoVaR", *Working Paper*, Federal Reserve Bank of New York.

［25］ Allen, Franklin and Douglas Gale, 2000, "Financial Contagion", *Journal of Political Economy*, 108, 1 –33.

［26］ Andrews, D. , 1993, "Tests for Parameter Instability and Structural Change with Unknown Change Point", Econometrica, 61 (4): 821 –856.

［27］ Arrow, Kenneth, 1970, "The Organization of Economic Activity: Issues Pertinent to the Choice of Market Versus Non – Market Allocation", in R. H. Haveman and J. Margolis, eds. , Public Expenditures and Policy Analysis. Chicago: Markham, 1970, pp. 59 –73.

［28］ Bagehot, Walter, 1873, Lombard Street: A Description of the Money Market, Project Gutenberg.

［29］ Banco de Espaéa, 2005, Financial Stability Report, May, 72 –75

［30］ Barberis, Nicholas, Richard Thaler, 2003, "A Survey of Behavorial Finance", in G. M. Constantinides, M. Harris and R. Stulz (ed.), *Handbook of the Economics of Finance.*

［31］ BCBS, 2004, "International Convergence of Capital Measurement and Capital Standards: A Revised Framework" .

［32］ BCBS, 2005, "An Explanatory Note on the Basel Ⅱ IRB Risk Weights Function" .

［33］ BCBS, 2009a, "Strengthening the Resilience of the Banking Sector", *Consultative Document.*

［34］ BCBS, 2009b, "International Framework for Liquidity Risk Management: Standards and Monitoring", *Consultative Document.*

［35］ BCBS, 2010a, "Countercyclical Capital Buffer Proposal", *Consultative Document.*

［36］ BCBS, 2010b, "An Assessment of the Long – term Economic

Impact of Stronger Capital and Liquidity Requirements".

［37］BCBS, 2010c, "Assessing the Macroeconomic Impact of the Transition to Stronger Capital and Liquidity Requirements".

［38］BCBS, 2010d, "The Basel Committee's Response to the Financial Crisis: Report to the G20".

［39］BCBS, 2010e, "Proposal to Ensure the Loss Absorbency of Regulatory Capital at the Point of Non – viability", *Consultative Document.*

［40］BCBS, 2011a, "Basel Ⅲ: A Global Regulatory Framework for More Resilient Banks and Banking Systems".

［41］BCBS, 2011b, "Global Systemically Important Banks: Assessment, Methodology and the Additional Loss Absorbency Requirement", *Consultative Document.*

［42］BCBS, 2013, "Group of Governors and Heads of Supervision Endorses Revised Liquidity Standard for Banks".

［43］Bernanke, Ben, and M. Gertler, 1987, "Agency Costs, Net Worth, and Business Fluctuations", American Economic Review, Vol. 79, No. 1, 14 –31.

［44］Bernanke, Ben, M. Gertler, and S. Gilchrist, 1999, "The Financial Accelerator in a Quandtitative Business Cycle Framework", in J. B. Taylor and M. Woodford (ed.) *Handbook of Macroeconomic,* Chapter 12, 1341 – 1393.

［45］Bernanke, Ben and Cara Lown, 1991, "The Credit Crunch", *Brookings Papers on Economic Activity* 2, 205 – 248.

［46］Berrospide, Jose and Rochelle Edge, 2010, "The Effects of Bank Capital on Lending: What Do We Know, and What Does it Mean?", *Working Paper,* Federal Reserve Board.

[47] Blum, J. , and M. Hellwig, 1995, "The Macroeconomic Implications of Capital Adequacy Requirements for Banks", *European Economic Review*, 39, 739 – 749.

[48] Bloomberg, 2011, "Fed's Once – Secret Data Compiled by Bloomberg Released to Public".

[49] Bolton, Patrick and Frederic Samama, 2010, "Contingent Capital and Long Term Investors: A Natural Match?", *Working Paper*.

[50] Borio, Claudio, 2003, "Towards a Macroprudential Framework for Financial Supervision and Regulation", *Working Paper*, BIS.

[51] Borio, Claudio, 2006, "The Macroprudential Approach to Regulation and Supervision: Where Do We Stand?"

[52] Brunnermeier, Markus, Andrew Crockett, Charles Goodhart, Avinash D. Persaud, and Hyun Shin, 2009, "The Fundamental Principles of Financial Regulation", *Geneva Reports on the World Economy—Preliminary Conference Draft*, International Center for Monetary and Banking Studies.

[53] Catarineu – Rabell, E. , P. Jackson, and D. P. Tsomocos, 2003, "Procyclicality and the New Basel Accord Bank's Choice of Loan Rating System", *Working Paper*, Bank of England.

[54] CEBS, 2009, "Position Paper on a Countercyclical Capital Buffer".

[55] Clement, Piet, 2010, "The Term 'Macroprudential': Origins and Evolution", *BIS Quarterly Review*, March 2010.

[56] Citigroup, 2009, "Summary of Terms of USG/Citigroup Loss Sharing Program".

[57] Coase, Ronald, 1960, "The Problem of Social Cost",

Journal of Law and Economics, October 1960, 3, pp. 1 – 44.

[58] Committee on International Economic Policy and Reform, 2011, *Rethinking Central Banking*.

[59] Crochett, Andrew, 2000, "Marrying the Micro – and Macro – Prudential Dimensions of Financial Stability", BIS.

[60] Danske Bank, 2011, "Danish Bank Packages".

[61] De Larosière, et al., 2009, "The High – Level Group on Financial Supervision in the EU".

[62] Den Hertog, Johan, 1999, "General Theories of Regulation", Working Paper, Economic Institute/CLAV, Utrecht University.

[63] De Spiegeleer, Jan, and Wim Schoutens, 2011, "Pricing Contingent Convertibles: a Derivatives Approach", *Working Paper*.

[64] Diamond, Douglas and Philip Dybvig, 1983, "Bank Runs, Deposit Insurance, and Liquidity", *Journal of Political Economy* 91, 401 – 419.

[65] Drehmann, Mathias, C. Borio, L. Gambacorta, G. Jimenez, and C. Trucharte, 2010, "Countercyclical Capital Buffers: Exploring Options", *Working Paper*, BIS.

[66] Duffie, Darrell and Kenneth J. Singleton, 2003, *Credit Risk: Pricing, Measurement, and Management, Princeton University Press*.

[67] FDIC, 2008, "Temporary Liquidity Guarantee Program: Final Rules".

[68] Fed, 2008a, "Terms and Conditions for Term Auction Facility".

[69] Fed, 2008b, "Term Asset – Backed Securities Loan Facility (TALF): Terms and Conditions".

［70］Fed, 2009a, "Primary Dealer Credit Facility: Program Terms and Conditions".

［71］Fed, 2009b, "Term Security Lending Facility: Frequently Asked Questions".

［72］Fed, 2009c, "Commercial Paper Funding Facility: Program Terms and Conditions".

［73］Fed, 2009d, "Money Market Investor Funding Facility: Program Terms and Conditions".

［74］Fed, 2010a, "Asset Backed Commercial Paper (ABCP) Money Market Mutual Fund (MMMF) Liquidity Facility: Frequently Asked Questions & Terms and Conditions".

［75］Fed, 2011, "Maiden Lane Transactions", http://newyorkfed. org/markets/maidenlane. html.

［76］Financial Crisis Inquiry Commission, 2011, The Financial Crisis Inquiry Report, New York: PublicAffairs.

［77］Friedman, Milton, and Anna Schwartz, 1963, A Monetary History of the United States, 1867 – 1960, Princeton University Press.

［78］FSB, 2011, "Key Attributes of Effective Resolution Regimes for Financial Institutions".

［79］FSB, 2012a, "A Policy Framework for Oversight and Regulation of Shadow Banking Entities", *Consultative Document.*

［80］FSB, 2012b, "A Policy Framework for Addressing Shadow Banking Risks in Securities Lending and Repos", *Consultative Document.*

［81］FSF, 2009, "Report of the Financial Stability Forum on Addressing Procyclicality in the Financial System".

［82］G20, 2009, "Enhancing Sound Regulation and Strengthening Transparency".

［83］G30，2009，"Financial Reform：A Framework for Financial Stability"．

［84］Goodhart, C., and A. M. Segoviano, 2004，"Basel and Procyclicality：A Comparison of the Standardised IRB Approaches to an Improved Credit Risk Model", *Discussion Paper*, LSE.

［85］Gordy, M., 2003，"A Risk – Factor Model Foundation for Ratings – Based Bank Capital Rules", *Journal of Financial Intermediation*, 12, 199 – 232.

［86］Gordy, M., and B. Howells, 2006，"Procyclicality in Basel Ⅱ：Can We Treat the Disease Without Killing the Patient?", *Journal of Financial Intermediation*, 15（3）：395 – 417.

［87］Hancock, D. and J. Wilcox, 1993，"Has There Been a 'Capital Crunch' in Banking? The Effects on Bank Lending of Real Estate Market Conditions and Bank Capital Shortfalls", *Journal of Housing Economics* 3, 31 – 50.

［88］Hancock, D. and J. Wilcox, 1994，"Bank Capital and Credit Crunch：The Roles of Risk – Weighted and Unweighted Capital Regulation", *Journal of the American Real Estate and Urban Economics Association* 22, 59 – 94.

［89］Hansen, B., 1997，"Approximate Asymptotic P Values for Structural Change Tests", *Journal of Business and Economic Statistics*, 15（1）：60 – 67.

［90］Hansen, B., 2001，"The New Econometrics of Structural Change：Dating Breaks in US Labor Productivity", *Journal of Economic Perspectives*, 15（4）：117 – 128.

［91］H. M. Treasury, 2008，"Market Notice：The UK Government's 2008 Credit Protection Scheme"．

[92] H. M. Treasury, 2009, "UK Asset Protection Scheme".

[93] H. M. Treasury, 2010, "A New Approach to Financial Regulation: Judgement, Focus, and Stability".

[94] H. M. Treasury, 2011, "A New Approach to Financial Regulation: Building A Stronger System".

[95] Hull, John, 2000, Options, Futures, and Other Derivatives, 4th edition, Prentice Hall, Inc.

[96] IASB, 2011, IFRS 13 Fair Value Measurement.

[97] IMF, 2009, "Global Financial Stability Report: Responding to the Financial Crisis and Measuring Systemic Risks".

[98] IMF, 2010a, "A Fair and Substantial Contribution by the Financial Sector", *Interim Report for the G20*.

[99] IMF, 2010b, "Global Financial Stability Report: Meeting New Challenges to Stability and Building a Safer System".

[100] IMF, 2011, "Global Financial Stability Report: Durable Financial Stability: Getting There from Here".

[101] Independent Commission on Banking, 2011, Final Report.

[102] IntercontinentalExchange, 2010, "Global Credit Derivatives Markets Overview: Evolution, Standardization and Clearing".

[103] Jiménez, Gabriel, and Jesús Saurina, 2005, "Credit Cycles, Credit Risk, and Prudential Regulation", *Banco de Espaéa Working Paper*.

[104] Jorion, Philippe, 2007, Value at Risk: The New Benchmark for Managing Financial Risk, the McGraw - Hill Companies Inc.

[105] Kashyap, Anil K., and Jeremy C. Stein, 2004, "Cyclical Implications of the Basel II Capital Standards", *Economic Perspectives*,

First Quarter: 18 – 31, Federal Reserve Board of Chicago.

[106] Klonner, Stefan, 2006, "Risky Loans and the Emergence of Rotating Savings and Credit Associations", *Working Paper*.

[107] Knight, Frank, 1921, Risk, Uncertainty, and Profit, Boston, MA: Hart, Schaffner & Marx; Houghton Mifflin Co.

[108] Kiyotaki, N., and J. Moore, 1997, "Credit Cycles", *Journal of Political Economy*, 105 (2): 211 – 248.

[109] Li, David X., 2000, "On Default Correlation: A Copula Function Approach", *Journal of Fixed Income*, 9 (4): 43 – 54.

[110] Markit, 2009a, "CDS Big Bang: Understanding the Change to the Global Contract and North America Convention".

[111] Markit, 2009b, "CDS Small Bang: Understanding the Global Contract & European Convention".

[112] Mas – Colell, A., M. D. Whinston, J. R. Green, 1995, *Microeconomic Theory*, Oxford University Press.

[113] Mishkin, Frederic, 2011, "Monetary Policy Strategy: Lessons from the Crisis", *NBER Working Paper Series*.

[114] Moody's, 2010, "Corporate Default and Recovery Rates, 1920 – 2010", *Special Comment*.

[115] Myers, S., and N. Majluf, 1984, "Corporate Financing and Investment Decisions When Firms Have Information that Investors Do Not Have", *Journal of Financial Economics*, 13, 187 – 221.

[116] Nier, Erland W., Jacek Osiński, Luis I. Jácome, and Pamela Madrid, 2011, "Towards Effective Macroprudential Policy Frameworks: An Assessment of Stylized Institutional Models", IMF *Working Paper*, WP/11/250.

[117] Osborne, Matthew and William Francis, 2009, "Bank

Regulation, Capital and Credit Supply: Measuring the Impact of Prudential Standards", *FSA Occasional Papers*.

[118] Pazarbasioglu, Ceyla, Jianping Zhou, Vanessa Le Leslé, and Michael Moore, 2011, "Contingent Capital: Economic Rational and Design Features", *IMF Staff Discussion Note*, SDN/11/01.

[119] Peek, Joe and Eric Rosengren, 1997, "The International Transmission of Financial Shocks: The Case of Japan", *American Economic Review*, 87, 4, 495 – 505.

[120] Pigou, A. C. , 1920, The Economics of Welfare, London: Macmillan.

[121] Quandt, R. , 1960, "Tests of Hypothesis that a Linear Regression Obeys Two Separate Regimes", *Journal of the American Statistical Association*, 55, 324 – 330.

[122] Rajan, R. , 1992, "Insiders and Outsiders: The Choice Between Informed and Arm's – length Debt", Journal of Finance, 47 (4): 1367 – 1400.

[123] Repullo, R. , J. Saurina, and C. Trucharte, 2010, "Mitigating the Procyclicality of Basel Ⅱ", *Economic Policy*, 25 (64): 659 – 702.

[124] Repullo, R. , and J. Suarez, 2009, "The Procyclical Effects of Bank Capital Regulation", *Working Paper* , CEMFI and CEPR.

[125] Romer, Christina, 1992, "What Ended the Great Depression?", *Journal of Economic History*, Vol. 52 (December) pp 757 – 784.

[126] Saurina, J. , and C. Trucharte, 2007, "An Assessment of Basel Ⅱ Procyclicality in Mortgage Portfolios", *Working Paper*, Banco de

Espana.

[127] Siegenthaler, Peter, Thomas Jordan, and Patrick Raaflaub, 2010, Final report of the Commission of Experts for limiting the economic risks posed by large companies.

[128] SIGTARP, 2009a, "Factors Affecting Efforts to Limit Payments to AIG Counterparties".

[129] SIGTARP, 2009b, "Emergency Capital Injections Provided to Support the Viability of Bank of America, Other Major Banks, and the U. S. Financial System".

[130] SIGTARP, 2010, "Assessing Treasury's Process to Sell Warrants Received from TARP Recipients".

[131] SIGTARP, 2011a, "Extraordinary Financial Assistance Provided to Citigroup Inc".

[132] SIGTARP, 2011b, "Exiting TARP: Repayments by the Largest Financial Institutions".

[133] Shleifer, Andrei, 2005, "Understading Regulation", *European Financial Management*, Vol. 11, No. 4, 2005, 439 – 451.

[134] Shleifer, Andrei, 2010, "Efficient Regulation", *Working Paper*, Harvard University.

[135] Shleifer, Andrei, and Robert Vishny, 2011, "Fire Sales in Finance and Macroeconomics", *Journal of Economic Perspectives*, Vol. 25 No. 1, Pages 29 – 48.

[136] Standard & Poor's, 2010, "Potential $1 Trillion Bank Contingent Capital – Style Issuance Face Uncertain Investor Interest".

[137] Stein, Jeremy, 2011, "Monetary Policy as Financial Stability Regulation", *Working Paper*, Harvard University.

[138] Taylor, John, 2009, "Defining Systemic Risk

Operationally".

[139] Thomson Reuters, 2011, "Cost of Compliance Survey 2011: Increase in Regulatory Change".

[140] UK FSA, 2007, "Definition of Capital", *Discussion Paper* DP/07/6.

[141] UK FSA, 2009a, "The Turner Review: A Regulatory Response to the Global Banking Crisis".

[142] UK FSA, 2009b, "A Regulatory Response to the Global Banking Crisis: Systemicaly Important Banks and Assessing the Cumulative Impact", *Turner Review Conference Discussion Paper.*

[143] US Congress, 2010, Dodd - Frank Wall Street Reform and Consumer Protection Act.

[144] US Treasury, 2008, "Treasury Announces Temporary Guarantee Program for Money Market Funds".

[145] US Treasury, 2009a, "Financial Regulatory Reform A New Foundation: Rebuilding Financial Supervision and Regulation".

[146] US Treasury, 2009b, "Legacy Securities Public - Private Investment (Legacy Securities PPIP): Additional Frequently Asked Questions".

[147] Vasicek, O., 2002, "Loan Portfolio Value", *Risk*, 15, December, 160 - 162.

[148] Wagner, Wolf, 2007, "The Liquidity of Bank Assets and Banking Stability", *Journal of Banking & Finance* 31 (2007) 121 - 139.

[149] Woo, David, 1999, "In Search of 'Credit Crunch': Supply Factors Behind the Credit Slowdown in Japan", *IMF Working Paper*, WP/99/3.

附件　定理证明过程

第四章

引理 4 – 1　若随机变量 X 的概率分布函数为 $F(\cdot)$，概率密度函数为 $f(\cdot)$，$h(X)$ 是 X 的可测函数，记 $g_1(x) = E[h(X) \mid X > x]$，$g_2(x) = [1 - F(x)]E[h(X) \mid X > x]$，则 $g_1'(x) = [g_1(x) - h(x)] \dfrac{f(x)}{1 - F(x)}$，$g_2'(x) = -f(x)h(x)$。

证明：$g_1(x) = E[h(X) \mid X > x] = \dfrac{\displaystyle\int_x^\infty h(y)f(y)\,dy}{1 - F(x)}$

从而，$g_1'(x) = \dfrac{-h(x)f(x)[1 - F(x)] + f(x)\displaystyle\int_x^\infty h(y)f(y)\,dy}{[1 - F(x)]^2} = [g_1(x) - h(x)] \dfrac{f(x)}{1 - F(x)}$。

另一方面，$g_2'(x) = -f(x)g_1(x) + [1 - F(x)]g_1'(x) = -f(x)h(x)$。

定理 4 – 1　对失败概率为 p 的银行，用 $r(p)$ 表示其竞标策略，用 $\pi(s, p)$ 表示第二期期望收益。债权融资竞标存在对称贝叶斯纳什均衡：

（1）竞标策略为 $r(p) = \dfrac{2\mu}{p^2}\displaystyle\int_0^p \dfrac{x}{1 - x}\,dx - 1$，且满足 $r(p) \leqslant \dfrac{\mu}{1 - p} - 1$ 和 $r'(p) \geqslant 0$；

$$(2)\ \pi(s,p) = sp\{2\mu - (1-p)[1+r(p)]\} + s(1-p)E\{(1-X)[1+r(X)] \mid X > p\}$$

证明：[证明主要改自 Klonner（2006）] 根据定义，如果 $r(p)$ 满足如下条件，则构成对称贝叶斯纳什均衡：第一，若银行 i 假装自己的失败概率是 $PD_i^* \neq PD_i$，并按 $r(PD_i^*)$ 竞标，则期望收益低于按 $r(PD_i)$ 竞标时。第二，若银行 j 假装自己的失败概率是 $PD_j^* \neq PD_j$，并按 $r(PD_j^*)$ 竞标，则期望收益低于按 $r(PD_j)$ 竞标时。以下将证明，存在唯一的关于 p 的单调递增函数 $r(p)$ 满足上述条件。

以银行 i 的情况来说明这一点。先看银行 i 按 $r(PD_i)$ 竞标的情形。在银行 i 看来，自己竞标成功的条件是 $r(PD_i) > r(PD_j)$ 或 $PD_i > PD_j$，竞标成功的概率为 $\Pr(PD_i > PD_j) = PD_i$。银行 i 竞标成功后将所得资金 $2s$ 元用于投资。在第二期，若项目成功（概率为 $1 - PD_i$），收益为 $s[\dfrac{2\mu}{1 - PD_i} - r(PD_i) - 1]$；反之，若项目失败（概率为 PD_i），收益为 0，并且对银行 j 违约。从而，若银行 i 竞标成功，第二期的期望收益为 $s[2\mu - (1 - PD_i)(1 + r(PD_i))]$。另一方面，在银行 i 看来，银行 j 竞标成功的条件是 $r(PD_i) < r(PD_j)$ 或 $PD_i < PD_j$，银行 j 竞标成功的概率为 $\Pr(PD_i < PD_j) = 1 - PD_i$。银行 j 竞标成功后将所得资金 $2s$ 元用于投资。在第二期，若项目成功（概率为 $1 - PD_j$），银行 i 的收益为 $s[1 + r(PD_j)]$；反之，若项目失败（概率为 PD_j），银行 i 的收益为 0。从而，若银行 j 竞标成功，第二期银行 i 的期望收益为 $s(1 - PD_j)[1 + r(PD_j)]$。因此，若银行 i 按 $r(PD_i)$ 竞标，第二期的期望收益为

$sPD_i\{2\mu - (1 - PD_i)[1 + r(PD_i)]\} + s(1 - PD_i)E\{(1 - PD_j)[1 + r(PD_j)] \mid PD_j > PD_i\}$ 同理，若银行 i 按 $r(PD_i^*)$ 竞标，第二期的期望收益为

$sPD_i^*\{2\mu - (1 - PD_i)[1 + r(PD_i^*)]\} + s(1 - PD_i^*)E\{(1 -$

$PD_j)[1 + r(PD_j)] \mid PD_j > PD_i^* \}$ 推导中只需注意到此时银行 i 竞标成功的概率为 PD_i^*，但竞标成功后投资成功的概率仍为 $1 - PD_i$，毋庸赘述。

因此，对称贝叶斯纳什均衡的两个条件等价于：对任意 t，均有

$$t\{2\mu - (1-p)[1+r(t)]\} + (1-t)E\{(1-X)[1+r(X)] \mid X > t\}$$
$$\leq p\{2\mu - (1-p)[1+r(p)]\} + (1-p)E\{(1-X)[1+r(X)] \mid X > p\}$$

令 $u(t) = t\{2\mu - (1-p)[1+r(t)]\} + (1-t)E\{(1-X)[1+r(X)] \mid X > t\}$，上述不等式可写为：对任意 t，均有 $u(t) \leq u(p)$。即 $t = p$ 是 $u(t)$ 的最大值点，故有 $u'(t) \mid_{t=p} = 0$。根据引理1，$u'(t) = 2\mu - (2-p-t)[1+r(t)] - t(1-p)r'(t)$，因此 $u'(t) \mid_{t=p} = 0$ 等价于

$$\frac{\mathrm{d}}{\mathrm{d}p}[1+r(p)]p^2 = \frac{2\mu p}{1-p} \qquad (A4-1)$$

所以有

$$r(p) = \frac{2\mu}{p^2}\int_0^p \frac{x}{1-x}dx - 1 \qquad (A4-2)$$

接着证明 $r(p)$ 的两条性质。

将 $\int_0^p \frac{x}{1-x}dx = \int_0^p \frac{1}{1-x}d\frac{x^2}{2} = \frac{x^2}{2}\frac{1}{1-x}\mid_0^p - \int_0^p \frac{x^2}{2}d\frac{1}{1-x} \leq \frac{p^2}{2}\frac{1}{1-p}$

代入 $r(p)$ 的表达式即得 $r(p) \leq \frac{\mu}{1-p} - 1$，其中 $p > 0$ 时不等号严格成立，$p = 0$ 时 $r(0) = \mu - 1$。

另一方面，$r'(p) = -\frac{4\mu}{p^3}\int_0^p \frac{x}{1-x}dx + \frac{2\mu}{p(1-p)} \geq -\frac{4\mu}{p^3}\frac{p^2}{2}\frac{1}{1-p} + \frac{2\mu}{p(1-p)} = 0$，其中 $p > 0$ 时不等号严格成立，即 $r(p)$ 为单调递增函数。

最后，由论证过程看出：失败概率为 p 的银行在第二期的期望

收益为

$$\pi(s,p) = sp\{2\mu - (1-p)[1+r(p)]\}$$
$$+ s(1-p)E\{(1-X)[1+r(X)] \mid X > p\}$$

定理 4 - 2 银行参加与上一家银行的债权融资竞标的条件（称为"参与约束"）:

$$\alpha(p) = p\{2\mu - (1-p)[1+r(p)]\}$$
$$+ (1-p)E\{(1-X)[1+r(X)] \mid X > p\} \geq 1$$

在竞标成功的条件下再参加与下一家银行的债权融资竞标的条件是（称为"套利约束"）:

$$\beta(p) = p\{4\mu - 3(1-p)[1+r(p)]\}$$
$$+ (1-p)E\{(1-X)[1+2r(X)-r(p)] \mid X > p\}$$
$$- 2\mu + (1-p)[1+r(p)] \geq 0$$

而且银行参与套利会损害上一家银行的利益。

证明: $Debt_{i-1,i}, i \geq 2$ 中银行 i 的参与条件为参加债权融资竞标的期望收益高于不参加时（不参加获得无风险利率），即

$$\pi(c_i, PD_i) \geq c_i \qquad (A4-3)$$

$Debt_{i-1,i}, i \geq 2$ 中银行 $i-1$ 的参与约束较为复杂。因为银行 $i-1$ 在 $Debt_{i-2,i-1}$ 中竞标成功后，只有参加 $Debt_{i-1,i}$ 的期望收益高于项目 $INV_{i-1,1}$ 的期望收益，才会参加 $Debt_{i-1,i}$。一方面，若银行 $i-1$ 在 $Debt_{i-2,i-1}$ 中竞标成功后，将所得资金 2^{i-1} 元用于项目 $INV_{i-1,1}$，第二期期望收益为

$$c_{i-1}\{2\mu - (1-PD_{i-1})[1+r(PD_{i-1})]\}$$

另一方面，若银行 $i-1$ 在 $Debt_{i-2,i-1}$ 中竞标成功后，再参加 $Debt_{i-1,i}$，此时银行 $i-1$ 和银行 i 的资金为 2^{i-1} 元，有两种情形。其一，银行 $i-1$ 在 $Debt_{i-1,i}$ 中竞标成功，将所得资金 2^i 元用于项目 $INV_{i-1,2}$。这种情形的概率为 $\Pr(PD_{i-1} > PD_i) = PD_{i-1}$。第二期银行 $i-1$ 的期望收益为 $c_{i-1}\{4\mu - 3(1-PD_{i-1})[1+r(PD_{i-1})]\}$。其

二，银行 i 在 $Debt_{i-1,i}$ 中竞标成功，将所得资金 2^i 元用于项目 $INV_{i,1}$。这种情形的概率为 $\Pr(PD_{i-1} < PD_i) = 1 - PD_{i-1}$。第二期银行 $i-1$ 的期望收益为 $c_{i-1}(1 - PD_i)(1 + 2r(PD_i) - r(PD_{i-1}))$。综合这两种情形，若银行 $i-1$ 在 $Debt_{i-2,i-1}$ 中竞标成功后参加 $Debt_{i-1,i}$，第二期的期望收益为

$$\Pi(c_{i-1}, p_{i-1})$$
$$= c_{i-1}(PD_{i-1}\{4\mu - 3(1 - PD_{i-1})[1 + r(PD_{i-1})]\}$$
$$+ (1 - PD_{i-1})E\{(1 - X)[1 + 2r(X) - r(PD_{i-1})] \mid X > PD_{i-1}\})$$

从而，$Debt_{i-1,i}, i \geq 2$ 中银行 $i-1$ 的参与约束为

$$\Pi(c_{i-1}, PD_{i-1}) \geq c_{i-1}\{2\mu - (1 - PD_{i-1})[1 + r(PD_{i-1})]\}$$

$$(A4 - 4)$$

注意到，银行 $i-1$ 在 $Debt_{i-2,i-1}$ 中竞标成功后，再参加 $Debt_{i-1,i}$，在一定意义上是套利行为，银行 i 在 $Debt_{i-1,i}$ 中竞标成功时（上述情形二）这一点表现得尤为明显。此时，银行 $i-1$ 在 $Debt_{i-2,i-1}$ 中竞标成功后，没有实施自己的投资项目，而是将所得资金 2^{i-1} 交于银行 i。在 $Debt_{i-1,i}$ 中，银行 i 支付给银行 $i-1$ 的利率为 $r(PD_i)$。而在 $Debt_{i-2,i-1}$ 中，银行 $i-1$ 支付给银行 $i-2$ 的利率为 $r(PD_{i-1})$。因为 $PD_i > PD_{i-1}$，有 $r(PD_i) > r(PD_{i-1})$，从而银行 $i-1$ 通过参加 $Debt_{i-2,i-1}$ 和 $Debt_{i-1,i}$，可以在不实施自己的投资项目的情况下，赚取利差 $r(PD_i) - r(PD_{i-1})$。

但银行 $i-1$ 的这种套利行为，损害了银行 $i-2$ 的利益。若银行 $i-1$ 在 $Debt_{i-2,i-1}$ 中竞标成功后，将所得资金 2^{i-1} 元用于 $INV_{i-1,1}$，则第二期银行 $i-2$ 的期望收益为 $(1 - PD_{i-1})[1 + r(PD_{i-1})]2^{i-2}$。但若银行 $i-1$ 在 $Debt_{i-2,i-1}$ 中竞标成功后参加 $Debt_{i-1,i}$，则第二期时银行 $i-2$ 的期望收益为

$$PD_{i-1}(1 - PD_{i-1})[1 + r(PD_{i-1})]2^{i-2}$$

$$+ (1 - PD_{i-1})[1 + r(PD_{i-1})]E[(1 - X) \mid X > PD_{i-1}]2^{i-2}$$

因为 $E[(1 - X) \mid X > PD_{i-1}] \leqslant 1 - PD_{i-1}$，银行 $i - 2$ 的期望收益较前一种情形低。原因在于银行 $i - 2$ 的债权被偿付的可能性由与银行 $i - 1$ 的项目成功挂钩，转为与风险更高的银行 i 的项目成功挂钩。对银行 $i - 2$ 而言，银行 $i - 1$ 的套利行为相当于道德风险，对银行 $i - 2$ 的利益构成了损害。

综上所述，我们将约束条件（A4 - 3）称为"参与约束"：

$$\alpha(p) = p\{2\mu - (1 - p)[1 + r(p)]\}$$
$$+ (1 - p)E\{(1 - X)[1 + r(X)] \mid X > p\} \geqslant 1$$

将约束条件（A4 - 4）称为"套利约束"：

$$\beta(p) = p\{4\mu - 3(1 - p)[1 + r(p)]\}$$
$$+ (1 - p)E\{(1 - X)[1 + 2r(X) - r(p)] \mid X > p\}$$
$$- 2\mu + (1 - p)[1 + r(p)] \geqslant 0$$

引理 4 - 2 $\alpha(p)$ 和 $\beta(p)$ 满足如下性质：

（1）$\alpha'(p) = p[1 + r(p)] > 0$，$\alpha(1) = 2\mu > 1$；

（2）$\beta(1) = 2\mu > 0$。

证明：根据引理 4 - 1，

$$\alpha'(p) = 2\mu - 2(1 - p)[1 + r(p)]$$
$$+ p[1 + r(p) - (1 - p)r'(p)] = p[1 + r(p)] > 0$$

$\alpha(1) = 2\mu > 1$ 和 $\beta(1) = 2\mu > 0$ 是非常显然的。

引理 4 - 3 假设随机变量 $X_1, \cdots, X_m$ 独立同分布于 $[\underline{x}, \bar{x}]$ 上的均匀分布，令 $Y = \max(X_1, X_2, \cdots, X_m)$，则 $E[Y] = \bar{x} - \dfrac{\bar{x} - \underline{x}}{m + 1}$。

证明：对 $y \in [\underline{x}, \bar{x}]$，有

$$F_Y(y) = \Pr(Y \leqslant y) = \Pr(X_1 \leqslant y, X_2 \leqslant y, \cdots, X_m \leqslant y) = \left(\frac{y - \underline{x}}{\bar{x} - \underline{x}}\right)^m$$

因此，

$$E[Y] = \int_{\underline{x}}^{\overline{x}} y \, dF_Y(y)$$

$$= yF_Y(y) \mid_{\underline{x}}^{\overline{x}} - \int_{\underline{x}}^{\overline{x}} F_Y(y) \, dy$$

$$= \overline{x} - \int_{\underline{x}}^{\overline{x}} \left(\frac{y - \underline{x}}{\overline{x} - \underline{x}} \right)^m dy$$

$$= \overline{x} - (\overline{x} - \underline{x}) \int_0^1 z^m dz$$

$$= \underline{x} - \frac{\overline{x} - \underline{x}}{m + 1}$$

定理 4 – 4 $\lim\limits_{n \to \infty} E(SPD_n) = 1$。

证明：根据定义，$SPD_n = \max(PD_0, PD_1, \cdots, PD_n)$，其中 PD_0 满足参与约束，PD_1 至 PD_{n-1} 满足参与约束和套利约束，PD_n 满足参与约束，并且 PD_n 不满足套利约束或 PD_{n+1} 不满足参与约束。

令 $Z_n = \max(PD_1, \cdots, PD_{n-1})$，显然 $1 \geqslant SPD_n \geqslant Z_n$，并且 $PD_1, \cdots, PD_{n-1}$ 均处于集合 $\{p : \alpha(p) \geqslant 1$ 且 $\beta(p) \geqslant 0\}$ 中。

根据引理 4 – 2，1 附近的一些点在集合 $\{p : \alpha(p) \geqslant 1$ 且 $\beta(p) \geqslant 0\}$，即存在 p^* 使得 $[p^*, 1] \subset \{p : \alpha(p) \geqslant 1$ 且 $\beta(p) > 0\}$。

令 $PD_{i_1}, \cdots, PD_{i_N}$（共 N 个）为 $PD_1, \cdots, PD_{n-1}$ 中处于 $[p^*, 1]$ 的部分。显然 $Z_n = \max(PD_{i_1}, \cdots, PD_{i_N})$，并且 $n \to \infty$ 时，$N \to \infty$。而 $PD_{i_1}, \cdots, PD_{i_N}$ 独立同分布于 $[p^*, 1]$ 上均匀分布，根据引理 4 – 3，

$$E[\max(PD_{i_1}, \cdots, PD_{i_N})] = 1 - \frac{1 - p^*}{N + 1}$$。

因此，$\lim\limits_{n \to \infty} E(Z_n) = \lim\limits_{N \to \infty} E[\max(PD_{i_1}, \cdots, PD_{i_N})] = 1$。而 $1 \geqslant SPD_n \geqslant Z_n$ 说明 $1 \geqslant E(SPD_n) \geqslant E(Z_n)$，因此 $\lim\limits_{n \to \infty} E(SPD_n) = 1$。

第五章

定理 5-1　中央计划者合意的银行行为可以通过对银行施加对破产概率的限额约束来实现，即最优化问题公式（5-11）和公式（5-13）的解一样。

证明：中央计划者的效用最大化问题是［即公式（5-11）］：

$$\max_{L_1,L_2,\cdots,L_n,D} \sum_{i=1}^{n} \left[(1-P_i)a_i(L_i) - P_i\lambda_i L_i \right] - CD(D) - NE \times \pi(L_1,L_2,\cdots,L_n)$$

$$s.t. \quad \sum_{i=1}^{n} L_i - C - D \leqslant 0$$

中央计划者合意的银行行为满足条件：

$$(1-P_i)a_i'(L_i) - P_i\lambda_i = CD'\left(\sum_{i=1}^{n} L_i - C \right) + NE \cdot \frac{\partial \pi}{\partial L_i}$$

$$D = \sum_{i=1}^{n} L_i - C \qquad\qquad (A5-1)$$

用 $\pi(L_1,L_2,\cdots,L_n)$ 表示在中央计划者合意的银行行为下的破产概率，根据公式（5-10），有

$$\sum_{i=1}^{n} k(P_i,\lambda_i,1-\pi)L_i = C$$

对此式两边求导，可得

$$\frac{\partial \pi}{\partial L_i} = \frac{k(P_i,\lambda_i,1-\pi)}{\displaystyle\sum_{j=1}^{n} \frac{\partial k(P_j,\lambda_j,1-\pi)}{\partial \alpha}L_j}$$

代入公式（A5-1），中央计划者合意的银行行为满足的条件等价于：

$$(1-P_i)a_i'(L_i) - P_i\lambda_i = CD'\left(\sum_{i=1}^{n} L_i - C \right)$$

$$+ \frac{NE}{\displaystyle\sum_{j=1}^{n} \frac{\partial k(P_j, \lambda_j, 1-\pi)}{\partial \alpha} L_j} k(P_i, \lambda_i, 1-\pi)$$

$$(A5-2)$$

$$D = \sum_{i=1}^{n} L_i - C$$

在对破产概率的限额约束下，银行期望利润最大化问题是〔即公式（5-13）〕：

$$\max_{L_1, L_2, \cdots, L_n, D} \quad \sum_{i=1}^{n} \left[(1-P_i) a_i(L_i) - P_i \lambda_i L_i \right] - CD(D)$$

$$s.t. \quad \begin{aligned} & \sum_{i=1}^{n} L_i - C - D \leqslant 0 \\ & \sum_{i=1}^{n} k(P_i, \lambda_i, 1-\pi) L_i - C \leqslant 0 \end{aligned}$$

对银行而言，最优行为满足条件（μ 和 φ 分别是针对两个约束条件的 Lagrange 参数）：

$$(1-P_i) a_i'(L_i) - P_i \lambda_i = \mu + \varphi \cdot k(P_i, \lambda_i, 1-\pi)$$

$$\mu = CD'(D), \sum_{i=1}^{n} L_i = C + D$$

$$\varphi \left[\sum_{i=1}^{n} k(P_i, \lambda_i, 1-\pi) L_i - C \right] = 0, \varphi \geqslant 0$$

我们只考虑对破产概率的限额约束成立的情形。此时 $\varphi > 0$，上述条件等价于

$$\frac{(1-P_i) a_i'(L_i) - P_i \lambda_i - CD'(D)}{k(P_i, \lambda_i, 1-\pi)} = \varphi > 0$$

$$(A5-3)$$

$$\sum_{i=1}^{n} L_i = C + D, \sum_{i=1}^{n} k(P_i, \lambda_i, 1-\pi) L_i = C$$

注意到 $(1-P_i) a_i'(L_i) - P_i \lambda_i - CD'(D)$ 是第 i 类贷款的期望净

盈亏（扣除存款融资成本后），$k(P_i, \lambda_i, 1 - \pi)$ 是一单位贷款占用的风险资本，$\dfrac{(1 - P_i) a_i'(L_i) - P_i \lambda_i - CD'(D)}{k(P_i, \lambda_i, 1 - \pi)}$ 是风险调整后资本回报率，所以公式（A5 – 3）的经济学含义是：在均衡时，各类贷款的风险调整后资本回报率在边际上相等。

接下来的问题是：满足公式（A5 – 2）的 $L_1, L_2, \cdots, L_n, D$ 是否也满足公式（A5 – 3）？

比较公式（A5 – 2）和公式（A5 – 3），令

$$\varphi = \frac{NE}{\displaystyle\sum_{j=1}^{n} \frac{\partial k(P_j, \lambda_j, 1 - \pi)}{\partial \alpha} L_j} > 0$$

不难看出，满足公式（A5 – 2）的 $L_1, L_2, \cdots, L_n, D$ 一定也满足公式（A5 – 3），也就是中央计划者合意的银行行为可以通过对银行施加对破产概率的限额约束来实现。

定理 5 – 2 $\dfrac{\partial \alpha}{\partial NE} > 0$。

证明：因为 $\alpha = 1 - \pi$，所以定理 5 – 2 等价于 $\dfrac{\partial \pi}{\partial NE} < 0$。

鉴于 $\dfrac{\partial \pi}{\partial NE} = \displaystyle\sum_{i=1}^{n} \frac{\partial \pi}{\partial L_i} \frac{\partial L_i}{\partial NE}$，并且定理 5 – 1 证明过程中已给出 $\dfrac{\partial \pi}{\partial L_1}, \dfrac{\partial \pi}{\partial L_2}, \cdots \dfrac{\partial \pi}{\partial L_n}$ 的表达式，因此问题的关键是 NE 对信贷供给 $L_1, L_2, \cdots, L_n$ 的影响，即 $\dfrac{\partial L_1}{\partial NE}, \dfrac{\partial L_2}{\partial NE}, \cdots, \dfrac{\partial L_n}{\partial NE}$。

根据公式（A5 – 1），可以得出

$$(1 - P_i) a_i''(L_i) \frac{\partial L_i}{\partial NE} = CD''\left(\sum_{j=1}^{n} L_j - C\right) \sum_{j=1}^{n} \frac{\partial L_j}{\partial NE} + \frac{\partial \pi}{\partial L_i}$$

$$+ NE \times \sum_{j=1}^{n} \frac{\partial^2 \pi}{\partial L_i \partial L_j} \frac{\partial L_j}{\partial NE}, i = 1, 2, \cdots, n$$

引入

$$\Lambda_i = -\frac{(1-P_i)a_i''(L_i)}{CD''(\sum_{i=1}^n L_i - C)} > 0, \omega = -\frac{1}{CD''(\sum_{i=1}^n L_i - C)} < 0$$

则前述方程组等价为：

$$\Lambda_i \frac{\partial L_i}{\partial NE} + \sum_{j=1}^n \frac{\partial L_j}{\partial NE} - \omega NE \times \sum_{j=1}^n \frac{\partial^2 \pi}{\partial L_i \partial L_j} \frac{\partial L_j}{\partial NE} = \omega \frac{\partial \pi}{\partial L_i}, i = 1, 2, \cdots, n$$

用 Λ 表示以 $\Lambda_1, \Lambda_2, \cdots, \Lambda_n$ 为对角线元素的对角矩阵，e 表示 n 维全 1 列向量，$\frac{\partial L}{\partial NE}$ 表示列向量 $(\frac{\partial L_1}{\partial NE}, \frac{\partial L_2}{\partial NE}, \cdots, \frac{\partial L_n}{\partial NE})'$，$\frac{\partial \pi}{\partial L}$ 表示列向量 $(\frac{\partial L_1}{\partial NE}, \frac{\partial L_2}{\partial NE}, \cdots, \frac{\partial L_n}{\partial NE})'$，$\nabla^2 \pi = (\frac{\partial^2 \pi}{\partial L_i \partial L_j})_{1 \leqslant i,j \leqslant n}$ 表示 π 的 Hessian 矩阵，则方程组可等价表述为矩阵形式：

$$(\Lambda + e \times e') \frac{\partial L}{\partial NE} - \omega NE \times \nabla^2 \pi \times \frac{\partial L}{\partial NE} = \omega \frac{\partial \pi}{\partial L} \quad (A5-4)$$

因为 $\pi \in (0,1)$，并且在现行的资本充足率监管中，π 一般在 0.1% 左右，我们认为 $\nabla^2 \pi$ 比较小，可以忽略掉 $-\omega NE \times \frac{\partial L}{\partial NE}$，所以

$$\frac{\partial L}{\partial NE} \approx \omega (\Lambda + e \times e')^{-1} \frac{\partial \pi}{\partial L} \quad (A5-5)$$

于是得到，

$$\frac{\partial \pi}{\partial NE} = \sum_{i=1}^n \frac{\partial \pi}{\partial L_i} \frac{\partial L_i}{\partial NE} = (\frac{\partial \pi}{\partial L})' \frac{\partial L}{\partial NE} \approx \omega (\frac{\partial \pi}{\partial L})' (\Lambda + e \times e')^{-1} \frac{\partial \pi}{\partial L}$$

$$(A5-6)$$

在公式（A5-6）中，$(\Lambda + e \times e')$ 为正定矩阵，所以 $(\frac{\partial \pi}{\partial L})' (\Lambda + e \times e')^{-1} \frac{\partial \pi}{\partial L} > 0$。前面已提到 $\omega < 0$，故而 $\frac{\partial \pi}{\partial NE} < 0$，$\frac{\partial \alpha}{\partial NE} > 0$。

第六章

定理 6 – 1　中央计划者合意的银行行为可以通过对银行施加线性的流动性约束 $\sum_{i=1}^{n} \beta_i L_i \leq \beta_D D + \beta_C C$ 来实现，其中各参数满足：$\beta_i = \frac{\partial \pi}{\partial L_i} \mid_{(L_1^*, L_2^*, \cdots, L_n^*, D^*, C)}$，$\beta_D = -\frac{\partial \pi}{\partial D} \mid_{(L_1^*, L_2^*, \cdots, L_n^*, D^*, C)}$，$\beta_C = -\frac{\partial \pi}{\partial C} \mid_{(L_1^*, L_2^*, \cdots, L_n^*, D^*, C)}$。并且 $\beta_i, \beta_D, \beta_C$ 均为正数，β_i 是 $d_i(t)$ 的增函数，β_D 是 $w_D(t)$ 的减函数，β_C 在数值上比 β_i 和 β_D 都大。

证明：中央计划者的效用最大化问题是 [即公式（6 – 5）]：

$$\max_{L_1, L_2, \cdots, L_n, D} \sum_{i=1}^{n} \left[(1 - P_i) a_i(L_i) - P_i \lambda_i L_i \right] - CD(D) - NE \times \pi(L_1, L_2, \cdots, L_n, D, C)$$

$$s.t. \quad \sum_{i=1}^{n} L_i - C - D \leq 0$$

中央计划者合意的银行行为满足条件（μ 是 Lagrange 参数）：

$$(1 - P_i) a_i'(L_i) - P_i \lambda_i = \mu + NE \times \frac{\partial \pi}{\partial L_i}$$

$$CD'(D) = \mu - NE \times \frac{\partial \pi}{\partial D}$$

$$\mu \left(\sum_{i=1}^{n} L_i - C - D \right) = 0, \mu \geq 0, \sum_{i=1}^{n} L_i - C - D \leq 0$$

$$(A6 – 1)$$

用 $\pi = \pi(L_1, L_2, \cdots, L_n, D, C)$ 表示在中央计划者合意的银行行为下流动性危机概率。在本书的模型假设下，$\pi(L_1, L_2, \cdots, L_n, D, C)$ 零次齐次：

$$\forall m \quad \pi(mL_1, mL_2, \cdots, mL_n, mD, mC) = \pi(L_1, L_2, \cdots, L_n, D, C)$$

$$(A6 – 2)$$

根据欧拉定理,

$$\sum_{i=1}^{n} \frac{\partial \pi}{\partial L_i} L_i + \frac{\partial \pi}{\partial C} C + \frac{\partial \pi}{\partial D} D = 0 \qquad (A6 - 3)$$

在线性的流动性约束 $\sum_{i=1}^{n} \beta_i L_i \leqslant \beta_D D + \beta_C C$ 约束下,银行的利润最大化问题是

$$\max_{L_1, L_2, \cdots, L_n, D} \quad \sum_{i=1}^{n} \left[(1 - P_i) a_i(L_i) - P_i \lambda_i L_i \right] - CD(D)$$

$$s.t. \quad \begin{cases} \sum_{i=1}^{n} L_i - C - D \leqslant 0 \\[2mm] \sum_{i=1}^{n} \beta_i L_i - \beta_C C - \beta_D D \leqslant 0 \end{cases}$$

$$(A6 - 4)$$

对银行而言,最优行为满足条件(μ 和 φ 分别是针对两个约束条件的 Lagrange 参数):

$$(1 - P_i) a_i'(L_i) - P_i \lambda_i = \mu + \varphi \beta_i$$

$$CD'(D) = \mu + \varphi \beta_D$$

$$\mu \left(\sum_{i=1}^{n} L_i - C - D \right) = 0, \mu \geqslant 0, \sum_{i=1}^{n} L_i - C - D \leqslant 0$$

$$\varphi \left(\sum_{i=1}^{n} \beta_i L_i - \beta_C C - \beta_D D \right) = 0, \varphi \geqslant 0, \sum_{i=1}^{n} \beta_i L_i - \beta_C C - \beta_D D \leqslant 0$$

$$(A6 - 5)$$

接下来的问题是:满足公式(A6 - 1)的 $L_1, L_2, \cdots, L_n, D$ 是否也满足公式(A6 - 5)?

在公式(A6 - 5)中代入 $\beta_i = \frac{\partial \pi}{\partial L_i}$, $\beta_C = -\frac{\partial \pi}{\partial C}$, $\beta_D = -\frac{\partial \pi}{\partial D}$。根据公式(A6 - 3),流动性约束成立,所以 $\varphi > 0$。公式(A6 - 5)

等价于

$$\frac{(1 - P_i)a_i'(L_i) - P_i\lambda_i - CD'(D)}{\dfrac{\partial\pi}{\partial L_i} + \dfrac{\partial\pi}{\partial D}} = \varphi > 0$$

$$\mu(\sum_{i=1}^{n} L_i - C - D) = 0, \mu \geq 0, \sum_{i=1}^{n} L_i - C - D \leq 0$$

$$(A6 - 6)$$

比较公式（A6 - 1）和公式（A6 - 6），令

$$NE = \varphi$$

不难看出，满足公式（A6 - 1）的 $L_1, L_2, \cdots, L_n, D$ 一定也满足公式（A6 - 6），因此中央计划者合意的银行行为可以通过对银行施加线性的流动性约束来实现。

根据公式（6 - 4），$\beta_i, \beta_D, \beta_C$ 均为正数，β_i 是 $d_i(t)$ 的增函数，β_D 是 $w_D(t)$ 的减函数，β_C 在数值上比 β_i 和 β_D 都大。

定理 6 - 2　$\dfrac{\partial\pi}{\partial NE} < 0$。

证明：为简便起见，只考虑存款准备金 R 大于 0 的情形，此时 $\mu = 0$，公式（A6 - 1）等价于

$$(1 - P_i)a_i'(L_i) - P_i\lambda_i = NE \times \frac{\partial\pi}{\partial L_i}$$

$$(A6 - 7)$$

$$CD'(D) = -NE \times \frac{\partial\pi}{\partial D}$$

（A6 - 7）中每个方程两边对 NE 求偏导数，得到

$$(1 - P_i)a_i''(L_i)\frac{\partial L_i}{\partial NE} - NE\sum_{j=1}^{n}\frac{\partial^2\pi}{\partial L_i\partial L_j}\frac{\partial L_j}{\partial NE} - NE\frac{\partial^2\pi}{\partial L_i\partial D}\frac{\partial D}{\partial NE} = \frac{\partial\pi}{\partial L_i}$$

$$-CD''(D)\frac{\partial D}{\partial NE} - NE\sum_{j=1}^{n}\frac{\partial^2\pi}{\partial D\partial L_j}\frac{\partial L_j}{\partial NE} - NE\frac{\partial^2\pi}{\partial D^2}\frac{\partial D}{\partial NE} = \frac{\partial\pi}{\partial D}$$

用 Λ 表示以 $(1 - P_1)a_1''(L_1)$，$(1 - P_2)a_2''(L_2)$，$\cdots$，$(1 -$

P_n) $a''_n(L_n)$ ， $-CD''(D)$ 为对角线元素的对角矩阵， $\dfrac{\partial L}{\partial NE}$ 表示列向量

$\left(\dfrac{\partial L_1}{\partial NE}, \dfrac{\partial L_2}{\partial NE}, \cdots, \dfrac{\partial L_n}{\partial NE}\right)'$ ， $\dfrac{\partial \pi}{\partial L}$ 表示列向量 $\left(\dfrac{\partial L_1}{\partial NE}, \dfrac{\partial L_2}{\partial NE}, \cdots, \dfrac{\partial L_n}{\partial NE}\right)'$ ， $\nabla^2 \pi$

$$= \begin{pmatrix} \left(\dfrac{\partial^2 \pi}{\partial L_i \partial L_j}\right)_{1 \le i,j \le n} & \left(\dfrac{\partial^2 \pi}{\partial L_i \partial D}\right)_{1 \le i \le n} \\ \left(\dfrac{\partial^2 \pi}{\partial D \partial L_i}\right)_{1 \le i \le n} & \dfrac{\partial^2 \pi}{\partial D^2} \end{pmatrix}$$ 表示 π 的 Hessian 矩阵，则上述方

程组可等价表述为矩阵形式：

$$\Lambda \begin{pmatrix} \dfrac{\partial L}{\partial NE} \\ \dfrac{\partial D}{\partial NE} \end{pmatrix} - NE \times \nabla^2 \pi \times \begin{pmatrix} \dfrac{\partial L}{\partial NE} \\ \dfrac{\partial D}{\partial NE} \end{pmatrix} = \begin{pmatrix} \dfrac{\partial \pi}{\partial L} \\ \dfrac{\partial \pi}{\partial D} \end{pmatrix} \qquad (A6-8)$$

与定理 5 – 2 的证明类似，我们认为 $\nabla^2 \pi$ 比较小，可以忽略

$-NE \times \nabla^2 \pi \times \begin{pmatrix} \dfrac{\partial L}{\partial NE} \\ \dfrac{\partial D}{\partial NE} \end{pmatrix}$ 的影响，所以

$$\begin{pmatrix} \dfrac{\partial L}{\partial NE} \\ \dfrac{\partial D}{\partial NE} \end{pmatrix} \approx \Lambda^{-1} \begin{pmatrix} \dfrac{\partial \pi}{\partial L} \\ \dfrac{\partial \pi}{\partial D} \end{pmatrix} \qquad (A6-9)$$

因此，

$$\dfrac{\partial \pi}{\partial NE} = \sum_{i=1}^{n} \dfrac{\partial \pi}{\partial L_i} \dfrac{\partial L_i}{\partial NE} + \dfrac{\partial \pi}{\partial D} \dfrac{\partial D}{\partial NE} = \begin{pmatrix} \dfrac{\partial \pi}{\partial L} \\ \dfrac{\partial \pi}{\partial D} \end{pmatrix}' \begin{pmatrix} \dfrac{\partial L}{\partial NE} \\ \dfrac{\partial D}{\partial NE} \end{pmatrix} \approx \begin{pmatrix} \dfrac{\partial \pi}{\partial L} \\ \dfrac{\partial \pi}{\partial D} \end{pmatrix}' \Lambda^{-1} \begin{pmatrix} \dfrac{\partial \pi}{\partial L} \\ \dfrac{\partial \pi}{\partial D} \end{pmatrix}$$

$$(A6-10)$$

在公式（A6 – 10）中，对角矩阵 Λ 的对角线上各元素均为负，是负定矩阵，所以 $\dfrac{\partial \pi}{\partial NE} < 0$ 。

第七章

定理 7 - 1 $\dfrac{\partial L_i}{\partial NE} < 0, i = 1, 2, \cdots, n$ ，即在其他条件一样的情况

下，外在影响参数越大，各类信贷供给越少，银行的信贷供给总量

也越低。

证明：中央计划者的效用最大化问题是［即公式（7 - 1）］：

$$\max_{L_1, L_2, \cdots, L_n, D} \sum_{i=1}^{n} \left[(1 - P_i) a_i(L_i) - P_i \lambda_i L_i \right] - CD(D) - NE \times \sum_{i=1}^{n} L_i$$

$$s.t. \qquad \sum_{i=1}^{n} L_i - C - D \leqslant 0$$

中央计划者合意的信贷供给满足：

$$(1 - P_i) a_i'(L_i) - P_i \lambda_i = NE + CD'(\sum_{i=1}^{n} L_i - C) \qquad (A7 - 1)$$

含义是：各类贷款的边际收益相等，并且等于外在影响参数 NE 与

存款的边际成本之和。

公式（A7 - 1）中每个方程对 NE 求导，可得

$$(1 - P_i) a_i''(L_i) \frac{\partial L_i}{\partial NE} = 1 + CD''(\sum_{i=1}^{n} L_i - C) \sum_{i=1}^{n} \frac{\partial L_i}{\partial NE}$$

$$(A7 - 2)$$

引入

$$\Lambda_i = - \frac{(1 - P_i) a_i''(L_i)}{CD''(\sum_{i=1}^{n} L_i - C)} > 0, \omega = - \frac{1}{CD''(\sum_{i=1}^{n} L_i - C)} < 0,$$

则公式（A7 - 2）等价为

$$\Lambda_i \frac{\partial L_i}{\partial NE} + \sum_{i=1}^{n} \cdot \frac{\partial L_i}{\partial NE} = \omega$$

235

用 Λ 表示以 $\Lambda_1, \Lambda_2, \cdots, \Lambda_n$ 为对角线元素的对角矩阵，e 表示 n 维全 1 列向量，$\dfrac{\partial L}{\partial NE}$ 表示列向量 $\left(\dfrac{\partial L_1}{\partial NE}, \dfrac{\partial L_2}{\partial NE}, \cdots, \dfrac{\partial L_n}{\partial NE} \right)'$，则前面的方程组可等价表述为矩阵形式：

$$(\Lambda + e \times e') \frac{\partial L}{\partial NE} = \omega \times e \qquad (A7-3)$$

公式（A7-3）的解为

$$\frac{\partial L}{\partial NE} = \omega \times (\Lambda + e \times e')^{-1} e = \frac{\omega}{1 + \sum\limits_{i=1}^{n} \Lambda_i^{-1}} \begin{pmatrix} \Lambda_1^{-1} \\ \Lambda_2^{-1} \\ \vdots \\ \Lambda_n^{-1} \end{pmatrix} \quad (A7-4)$$

所以，$\dfrac{\partial L_i}{\partial NE} = \dfrac{\omega \Lambda_i^{-1}}{1 + \sum\limits_{i=1}^{n} \Lambda_i^{-1}} < 0$。

定理 7-2　中央计划者合意的信贷供给可以通过对银行施加存款准备金率约束来实现，并且相应的存款准备金率 r 满足 $\dfrac{\partial r}{\partial NE} > 0$，即信贷供给的外在影响参数 NE 越大，存款准备金率越高。

证明：我们分两步证明这个定理。

第一步：证明中央计划者合意的信贷供给可以通过对银行施加存款准备金率约束来实现。

存款准备金率约束下，银行期望利润最大化问题是〔即公式（7-2）〕：

$$\max_{L_1, L_2, \cdots, L_n, D} \quad \sum_{i=1}^{n} \left[(1 - P_i) a_i(L_i) - P_i \lambda_i L_i \right] - CD(D)$$

$$s.t. \qquad \sum_{i=1}^{n} L_i - C - (1 - r)D \leqslant 0$$

对银行而言，最优信贷供给满足条件：

$$(1 - P_i)a_i'(L_i) - P_i\lambda_i = \frac{1}{1-r}CD'\left(\frac{\sum_{i=1}^{n} L_i - C}{1-r}\right) \quad (A7-5)$$

接下来的问题是：满足公式（A7-1）的 $L_1, L_2, \cdots, L_n$ 是否也满足公式（A7-5）？

这要求公式（A7-1）和公式（A7-5）同时成立，此时 r 与 NE 之间满足隐函数关系：

$$NE = \frac{1}{1-r}CD'\left(\frac{\sum_{i=1}^{n} L_i - C}{1-r}\right) - CD'\left(\sum_{i=1}^{n} L_i - C\right) \quad (A7-6)$$

公式（A7-6）中，等号右边在 $r<1$ 时是关于 r 的单调递增函数，并且在 $r=0$ 时等于0，在 $r>0$ 时大于0，在 $r<0$ 时小于0。公式（A7-6）对应着两种情形。

情形一：$NE>0$（信贷供给量对货币、物价和经济增长有负外部性）时，由公式（A7-6）能唯一确定 $r>0$，这就是通常意义上的存款准备金率。

情形二：$NE<0$（信贷供给量对货币、物价和经济增长有正外部性）时，由公式（A7-6）能唯一确定 $r<0$。此时，银行面临的信贷供给量约束是：

$$\sum_{i=1}^{n} L_i \leqslant C + D - r \times D$$

因此，情形二对应着中央计划者对银行提供流动性支持的情形，$-r \times D$ 就是流动性支持的金额。

综合以上分析，我们认为公式（A7-6）表示的 r 与 NE 之间的隐函数关系有经济学合理性，因此中央计划者合意的信贷供给可以通过对银行施加存款准备金率约束来实现。

第二步：证明 $\frac{\partial r}{\partial NE} > 0$。

在公式（A7-5）中，等号左边是关于 L_i 的单调递减函数，等号右边是关于 r 的单调递增函数。

根据定理 7-1，NE 越高→L_i 越低→等号左边越高→等号右边越高，这要求 r 越高。

第八章

从无风险套利定价原理看 $CoCos-Bond$ 的估值。

根据姜礼尚（2008）定理 2.1，用 T_1 和 T_2 表示两个金融工具的收益结构（Payoff Structure），用 $\Phi(T_1)$ 和 $\Phi(T_2)$ 表示它们的估值。如果 $\Pr(T_1 \le T_2) = 1$ 并且 $\Pr(T_1 < T_2) > 0$，那么在不存在无风险套利机会时，$\Phi(T_1) < \Phi(T_2)$。

从图 8-5 可以看出，$CoCos-Bond \le 0$ 总成立，并且在 $\Delta A \in (-(C+B-D \times R_D), A^*-A)$ 时，$CoCos-Bond < 0$。也就是

$$\Pr(CoCos-Bond \le 0) = 1, \Pr(CoCos-Bond < 0) > 0$$

因此根据前述定理，$CoCos-Bond$ 的估值小于 0。即在票息率一样的情况下，应急资本的价值低于普通债券。

假设 $A_1^* > A_2^*$。从图 8-5 可以看出，$CoCos(A_1^*) \le CoCos(A_2^*)$ 总成立，并且在 $\Delta A \in (-(C+B-D \times R_D), A_1^*-A)$ 时，$CoCos(A_1^*) < CoCos(A_2^*)$。也就是

$$\Pr[CoCos(A_1^*) \le CoCos(A_2^*)] = 1, \Pr[CoCos(A_1^*) < CoCos(A_2^*)] > 0$$

因此根据前述定理，$CoCos(A_1^*)$ 的估值小于 $CoCos(A_2^*)$。即 A^* 越大，应急资本的价值越低。

后　记

对经济学研究者来说，一生中能遇到金融危机是非常幸运的，因为这意味着现有研究会被挑战，会涌现很多有意义的新课题。我们从 2009 年初开始关注金融监管的理论和实践进展，深切地感受到金融危机后各种新思想、新学说、新的制度和政策设计的冲击，偶有心得，积以时日，为起抛砖引玉之效，便以"银行宏观审慎监管的基础理论研究"为题汇编，报告给读者，即为此书。

在本书写作过程中，得到了很多老师、领导和朋友的帮助，吸收了不少富有建设性的意见。我们在此对他们表示衷心的感谢：中国人民银行金融研究所刘鸿儒老师、吴晓灵老师、吴念鲁老师、钱小安老师；北京大学秦宛顺教授、靳云汇教授、胡坚教授、晏智杰教授、翁熹博士；中国人民大学方芳教授、赵锡军教授；对外经济贸易大学吴军教授、刘立新教授；中央财经大学李健教授；北京师范大学钟伟教授；浙江大学张翔博士；中国人民银行徐忠副司长、卜永祥处长；国家外汇管理局管涛司长；中国银监会李伏安局长、范文仲主任；财政部财科所贾康所长；国务院发展研究中心魏加宁研究员；中央汇金公司毛小元博士；工银瑞信基金陈超博士。

本书的前期工作受中国金融四十人论坛资助，在出版过程中受到了中国金融四十人论坛的帮助，特别要感谢王海明秘书长、廉薇的大力支持。中国金融出版社丁芊、张志文的编辑校对让本书增色不少，在此也表示感谢。

本书反映了我们在相关问题研究中的学术观点，不代表我们所在单位或中国金融四十人论坛的立场。宏观审慎监管是金融危机后最核心的监管命题，涉及很多非常复杂的理论和实践问题。我们研究能力和时间有限，疏漏与错误在所难免。请读者谅解，并提出宝贵意见。

谢平　邹传伟
2013 年 4 月

附录　"中国金融四十人·青年书系"简介

　　"中国金融四十人·青年书系"是由中国金融四十人·青年论坛创设的书系。

　　中国金融四十人·青年论坛是由中国金融四十人论坛发起并主办的学术平台。中国金融四十人·青年论坛的宗旨是为优秀青年经济学者提供学术与政策研究的交流、合作平台；支持青年学者就宏观经济与金融领域的基础理论和重大政策问题开展研究，为学术研究提供基础，为政策部门提供决策参考。

　　中国金融四十人·青年论坛施行会员制。青年论坛的活动形式包括双周内部研讨会、不定期的午餐会、专题研讨会、年会、工作论文、内部文章交流、课题研究、征文与评奖等。